O poder da oração nas madrugadas:

Clamor da MADRUGADA

Como Deus age nas horas silenciosas

Direção Geral
Adriel Ribeiro Penkal

Coordenador Editorial
Cristiano Braz Jorgini

Assistente Editorial
Isabelle S. Alves

Projeto Gráfico
Hendrick Ventura

Diagramação
Hendrick Ventura

Capa
Hendrick Ventura

Dados Internacionais de Catalogação na Publicação (CIP)
(Câmara Brasileira do Livro, SP, Brasil)

Menezes, Clara
Clamor da madrugada : como Deus age nas horas silenciosas / Clara Menezes. -- Londrina, PR : Livrarias Família Cristã, 2024.

ISBN 978-65-277-0186-6

1. Deus (Cristianismo) - Adoração e amor 2. Espiritualidade - Cristianismo 3. Fé (Cristianismo) 4. Oração - Cristianismo - Meditações 5. Reflexões I. Título.

24-235368 CDD-248.32

Índices para catálogo sistemático:

1. Oração : Prática cristã : Cristianismo 248.32

Eliete Marques da Silva - Bibliotecária - CRB-8/9380

R. Antônio Sabino, 203 - Parque Industrial - Ibiporã - PR
www.livrariasfamiliacrista.com.br

O poder da oração
nas madrugadas:

Clamor da MADRUGADA

Como Deus age nas horas silenciosas

Sumário

1ª Madrugada

O chamado ao silêncio: ouvir a voz de Deus

"Aquietai-vos e sabei que eu sou Deus; serei exaltado entre as nações, serei exaltado sobre a terra." (Salmos 46:10)

A madrugada é um chamado ao silêncio, um momento em que o ritmo frenético do mundo desacelera e as vozes ao redor se calam. Nesse ambiente, é possível ouvir com clareza a voz de Deus, longe das distrações cotidianas. Assim como um barco encontra águas tranquilas para navegar, nossa alma encontra descanso na quietude da madrugada, preparando-se para ser orientada por Deus.

Deus fala de diversas maneiras, mas, muitas vezes, a correria diária nos impede de discernir sua voz. Quando permitimos que o coração se aquiete, abrimos espaço para que ele se revele. A oração feita nessas horas é eficaz, pois não há barulho ou interrupção para disputar nossa atenção. A madrugada ensina a disciplina de ouvir mais do que falar.

Um exemplo disso é a experiência do profeta Elias. Ele esperava ouvir Deus em grandes manifestações, mas o Senhor falou através de um sussurro suave (1 Reis 19:11-13). Esse relato nos lembra que a voz de Deus nem sempre se manifesta de forma estrondosa; às vezes, é na calma que ele se faz presente.

Na prática, buscar a Deus de madrugada afina nossos ouvidos espirituais. Ao investir tempo nesses momentos, aprendemos a ouvir o direcionamento divino para as questões que carregamos. Talvez procuremos respostas para decisões importantes ou conforto em tempos de dificuldade, e é na intimidade da madrugada que Deus nos orienta e consola.

O silêncio da madrugada não é vazio, mas repleto da presença de Deus. Cada oração feita nessas horas representa um passo em direção à sua vontade, uma oportunidade de nos rendermos à sua soberania. Além disso, o silêncio não é apenas a ausência de ruído externo, mas uma quietude interior que nos permite conhecer melhor o Pai.

Por isso, quando a madrugada nos chama ao silêncio, que possamos responder. Separamos esse tempo, não como uma obrigação religiosa, mas para nos encontrarmos com o Criador. Ao nos aquietarmos diante d'ele, descobrimos que suas palavras trazem direção, paz e esperança para o novo dia que amanhece.

Oração em clamor

Senhor, neste silêncio da madrugada, aproximamo-nos com o coração disposto a te ouvir, desejando discernir a tua voz suave e reconfortante. Em meio à quietude, entregamos nossas ansiedades e angústias, sabendo que tu és Deus, exaltado sobre toda a terra, e que teu poder se manifesta mesmo no sussurro mais leve. Dá-nos a sabedoria para aquietar nossos pensamentos, para que, ao silenciarmos o ruído ao redor, possamos sentir tua presença inundando cada espaço do nosso ser.

Assim como o profeta Elias encontrou a tua voz na calma e não na tempestade, ensinamos a valorizar esses momentos de paz para percebermos tua orientação para nossas vidas. Que esse tempo reservado para ti, sem pressa e sem distrações, seja um espaço onde renovamos nossa fé, aguardando em ti respostas para as inquietações e direção para as decisões que nos aguardam.

Aquieta nosso espírito, Senhor, e fortalece nossa capacidade de entrega e confiança. Que possamos experimentar a paz que excede todo entendimento, sabendo que a quietude não é ausência de ação, mas uma forma de reconhecer tua soberania sobre cada detalhe. Que as madrugadas se tornem um santuário onde te encontramos e onde tu revelas tua vontade para nós. Pai, ajuda-nos a buscar tua face, a nos rendermos diante de teu cuidado, e a sermos renovados pelo teu amor que nos ampara e guia sempre.

Ao despontar de cada novo dia, queremos levar conosco a paz que recebemos em tua presença, transformando nossas atitudes e nos guiando conforme tua palavra.

2ª Madrugada

A paz interior nas horas escuras

"Em paz me deito e logo adormeço, pois só tu, Senhor, me fazes repousar seguro." (Salmos 4:8)

A madrugada pode revelar a inquietação da alma. Enquanto a cidade dorme, muitos enfrentam batalhas internas: preocupações, ansiedades e pensamentos que insistem em roubar o sono. Contudo, é justamente nesses momentos que Deus oferece sua paz, uma paz que não depende das circunstâncias ao redor.

Essa paz é distinta da tranquilidade passageira que o mundo proporciona. Ela nasce da confiança em Deus, que não dorme e está sempre presente. Jesus disse aos discípulos: "Deixo-vos a paz, a minha paz vos dou; não a dou como o mundo a dá." (João 14:27). Mesmo diante das tempestades da vida, a oração na madrugada torna-se um refúgio seguro, um lugar onde a alma pode repousar.

Orar nas horas silenciosas é como entrar em um ambiente onde a presença de Deus se torna perceptível. Assim como o mar encontra calma após a tempestade, a alma agitada é apaziguada diante do trono do Pai. Quando entregamos nossas ansiedades e medos a ele em oração, a paz de Deus, que excede todo entendimento, guarda nosso coração e nossa mente (Filipenses 4:7).

Esse exercício espiritual contribui para uma rotina de confiança. Ao nos ajoelharmos no meio da madrugada, declaramos que nosso descanso não vem da ausência de problemas, mas da presença de Deus. É uma rendição diária, um ato de fé que afirma: "Mesmo sem entender tudo, confio no Deus que cuida de mim."

Além disso, o silêncio da noite oferece um cenário propício para reflexão. Muitas vezes, durante o dia, as respostas parecem distantes, mas na quietude da madrugada, encontramos clareza e direção. A paz de Deus ilumina nossos pensamentos, ajudando-nos a enxergar a vida sob uma perspectiva diferente, afastando a confusão e trazendo esperança.

Que cada oração feita na madrugada seja uma semente de paz. Ao entregarmos nossos fardos nas mãos do Senhor, Ele nos prepara não apenas para uma noite tranquila, mas para enfrentar o dia com serenidade. Assim, em meio às noites escuras, descobrimos que a verdadeira paz não é a ausência de lutas, mas a certeza de que Deus está no controle.

Oração em clamor

Senhor, nesta madrugada, quando o silêncio revela as inquietações da alma, venho a ti em busca da paz que apenas tu podes conceder. Em meio às preocupações que assaltam a mente e tentam roubar o repouso, deposito diante de ti cada temor e cada ansiedade, confiando que és o único que pode conceder descanso verdadeiro. Que, ao elevar meu clamor, tua presença envolva meu ser, trazendo calma à tempestade interna, assim como o mar encontra serenidade após os ventos cessarem.

Tua palavra me assegura que somente em ti encontro segurança, e por isso, entrego tudo que me aflige. Que a paz de Jesus, que não depende das circunstâncias, desça sobre mim e guarde meu coração e minha mente, afastando cada pensamento de temor. Que esta confiança, plantada em cada oração, cresça e me prepare para enfrentar não apenas a noite, mas os dias vindouros com serenidade e força, pois sei que és meu refúgio em todas as horas.

Que esta madrugada seja marcada pela certeza de que, mesmo nas noites mais escuras, posso descansar seguro em teu amor e cuidado. A cada clamor, ajude-me a reconhecer que minha paz vem de tua presença constante, e que não preciso carregar sozinho os fardos que me oprimem. Ensinai-me a entregar cada peso em tuas mãos, sabendo que tua paz não apenas tranquiliza meu espírito, mas ilumina meu caminho, dando-me clareza e força para o que há de vir.

Senhor, molda meu coração para que, ao me entregar a ti, eu aprenda a confiar de modo absoluto, encontrando em ti a paz inabalável que excede todo entendimento. Que esta paz me acompanhe e me prepare para o amanhecer, renovando minha esperança e minha disposição para caminhar confiante sob tua proteção.

3ª Madrugada

Deus trabalha quando todos dormem

"Eis que não dormita nem dorme o guarda de Israel." (Salmos 121:4)

Enquanto a humanidade repousa, Deus continua em ação. A madrugada é o momento em que muitos descansam, mas o Criador permanece vigilante, operando silenciosamente em nosso favor. ele não se cansa, nem se distrai. O que nos parece uma espera é, na verdade, o tempo em que ele movimenta os elementos invisíveis de nossa história, preparando respostas e soluções que ainda não podemos enxergar.

O exemplo de Paulo e Silas na prisão é um testemunho significativo de como Deus age enquanto outros dormem (Atos 16:25-26). Em meio à escuridão e ao sofrimento, eles escolheram orar e louvar ao Senhor, e o resultado foi um terremoto libertador que abriu todas as portas da prisão. Isso nos ensina que, mesmo nos momentos mais sombrios, Deus realiza milagres.

A oração na madrugada é um ato de fé que reconhece o poder de Deus em ação, mesmo quando não vemos resultados imediatos. É a certeza de que ele trabalha nos bastidores, organizando o que é necessário para o nosso bem. Assim como uma planta cresce durante a noite, mesmo sem nossa percepção, as bênçãos de Deus também florescem em nosso favor enquanto descansamos n'ele.

Essa confiança em Deus nos leva a perseverar em oração, mesmo quando parece que nada acontece. O silêncio da madrugada não significa inatividade divina; é um chamado para continuarmos buscando ao Senhor, certos de que ele age nas horas mais silenciosas. Deus atua em cada detalhe, preparando o terreno para nossas vitórias.

Orar durante a madrugada nos ensina a desenvolver paciência e confiança. Às vezes, Deus retarda certas respostas para fortalecer nossa fé e moldar nosso caráter. Ele não está apenas interessado em atender nossas súplicas, mas em nos transformar no processo. Assim, nossas orações noturnas não apenas movem o coração de Deus, mas também ajustam o nosso.

Portanto, não desanime se as respostas parecerem tardar. A madrugada é um lembrete de que Deus está sempre ativo. Quando entregamos nossas preocupações e medos em suas mãos, ele cuida do que nos aflige, mesmo quando nossos olhos estão fechados. Confie no Deus que age enquanto você descansa, pois ele nunca dorme nem se cansa de agir em seu favor.

Oração em clamor

Senhor, nesta madrugada silenciosa, coloco-me diante de ti, lembrando que és o guarda que nunca dorme, o Deus que atua em cada detalhe da minha vida enquanto eu descanso. Reconheço que, enquanto meus olhos se fecham, tu estás sempre vigilante, atento a cada necessidade, preparando respostas que, muitas vezes, ainda não consigo enxergar. Que meu coração descanse na certeza de que não há instante em que tu deixes de agir em meu favor, ainda que o mundo ao redor se encontre em repouso.

Assim como Paulo e Silas, que, mesmo na prisão e na escuridão, escolheram louvar e confiar em ti, quero aprender a te buscar com a mesma fé. Sei que operas milagres onde muitos veem apenas silêncio e espera. Na serenidade desta noite, entrego-te cada uma das minhas preocupações, ciente de que estás movendo os elementos invisíveis da minha história, preparando bênçãos que surgirão no tempo oportuno. Que minha fé se fortaleça ao saber que, enquanto descanso em tua presença, tu ages incessantemente em minha vida.

Ajuda-me a compreender que, em cada momento de aparente espera, tu moldas o meu caráter e aumentas minha paciência. Que eu jamais desanime ou perca a esperança, pois sei que mesmo quando as respostas parecem tardar, tu estás ativo, cuidando de cada aspecto do meu ser. Que eu aprenda a perseverar em oração, não pela pressa em receber, mas pela alegria de estar em comunhão contigo, confiando que tua vontade se cumpre de forma perfeita.

Senhor, acalma meu coração e renova minha confiança no teu cuidado constante. Que eu possa descansar plenamente em ti, sabendo que minha vida está segura em tuas mãos, e que, enquanto eu durmo, tu preparas um novo dia repleto de possibilidades. Que a tua presença me dê a paz para repousar, certo de que nada me faltará, pois és o Deus que trabalha incansavelmente por aqueles que em ti confiam.

4ª Madrugada

Rompendo cadeias com a oração noturna

"Clama a mim, e responder-te-ei, e anunciar-te-ei coisas grandes e firmes que não sabes." (Jeremias 33:3)

A madrugada é um campo de batalha espiritual intenso. Quando nos colocamos de joelhos nas horas escuras, entramos em um lugar de intercessão em que cadeias invisíveis se rompem e milagres começam a acontecer. O exemplo de Paulo e Silas na prisão é uma evidência concreta de como a oração e o louvor, mesmo na escuridão, podem romper prisões físicas e espirituais (Atos 16:25-26).

Muitas vezes, há prisões em nossa alma: mágoas, medos, ansiedades e inseguranças que nos mantêm cativos. A oração na madrugada é uma oportunidade de apresentar esses fardos a Deus, crendo que ele tem poder para libertar. Assim como as correntes dos apóstolos se romperam, nossas correntes emocionais e espirituais também se quebram pela ação do Espírito Santo.

É durante a noite que muitas batalhas espirituais se intensificam, mas é também nesse momento que a vitória é conquistada pela oração fervorosa. As Escrituras ensinam que "a oração de um justo pode muito em seus efeitos"

(Tiago 5:16). Orar de madrugada é persistir no clamor, mesmo quando tudo parece silencioso e difícil. A vitória pertence a quem não desiste.

Ao escolhermos orar enquanto o mundo dorme, demonstramos uma fé que não depende de sentimentos, mas de convicção. Essa oração perseverante nos fortalece, renova nossas forças e nos capacita para enfrentar as batalhas do dia seguinte. Deus honra aqueles que buscam sua presença com determinação, e a madrugada é um tempo propício para estreitar essa intimidade.

Assim como a luz do sol rompe a escuridão da noite, as respostas de Deus surgem no momento certo, trazendo libertação e esperança. Orar de madrugada é acreditar que, por mais longa que seja a noite, o amanhecer sempre chega, e com ele, a certeza de que as correntes foram quebradas. Deus é fiel para agir em nosso favor, independentemente das circunstâncias.

Portanto, ao enfrentar lutas e dificuldades, faça da madrugada seu altar de oração. Cada minuto em comunhão com Deus é um tijolo na edificação da sua vitória. Confie no Senhor e persevere, pois as correntes que prendem sua alma estão prestes a ser quebradas, e uma nova manhã, repleta de liberdade, nascerá para você.

Oração em clamor

Senhor, nesta madrugada, ajoelho-me diante de ti, buscando romper as cadeias que pesam sobre minha alma. Em tua presença, clamo para que toda angústia, medo e insegurança sejam lançados fora, pois sei que tens poder para me libertar. Tal como Paulo e Silas experimentaram a tua intervenção na escuridão de uma prisão, desejo que minha oração alcance teu trono e que tu movas as barreiras invisíveis que me cercam. Pai, vem ao meu encontro e faz desmoronar cada corrente que limita minha paz e impede meu caminhar.

Que este momento de oração seja um altar onde entrego a ti cada fardo. Em ti encontro a força para vencer as batalhas que parecem silenciosas aos olhos humanos, mas que são intensas em meu espírito. Que a convicção em teu poder me sustente, sabendo que, mesmo quando tudo parece estagnado, tu estás operando em favor dos que te buscam. Ajuda-me a persistir na oração, confiante de que tu és fiel para honrar aqueles que te procuram com um coração sincero e sedento.

Pai, que eu possa ver a luz do teu agir rompendo as trevas da noite, trazendo a libertação e a esperança tão esperadas. Sei que o teu amor e tua fidelidade são a minha segurança, e que, por mais longa que seja a noite, o teu amanhecer sempre chega com renovação e novas possibilidades. Que cada clamor nesta madrugada edifique a vitória que tens preparado para mim, e que a minha fé seja fortalecida ao teu lado.

Confio que estás a quebrar as correntes que prendem minha alma, preparando-me para um novo dia repleto de liberdade e paz. Senhor, que eu possa viver cada manhã com a certeza de que nada me escraviza, pois em ti sou verdadeiramente livre.

5ª Madrugada

A quietude da madrugada e a revelação divina

"Os segredos do Senhor são para os que o temem, e ele lhes fará saber a sua aliança." (Salmos 25:14)

A madrugada é um momento singular em que o silêncio exterior permite que a voz de Deus se torne mais audível. Quando nos dedicamos a orar nessas horas, somos levados a um estado de revelação e intimidade com o Senhor. É no meio da quietude que ele nos revela seus propósitos, oferece sabedoria e nos dá orientação para o caminho que devemos seguir.

Assim como Samuel ouviu a voz de Deus durante a noite (1 Samuel 3:10), nós também podemos receber revelações específicas nesses momentos de busca. Às vezes, Deus sussurra respostas que não ouviríamos no ruído do dia. A oração na madrugada torna-se um canal para que ele fale de forma direta e pessoal ao nosso coração.

Além disso, a quietude noturna permite uma reflexão mais profunda sobre as Escrituras. Ao meditar na Palavra durante a madrugada, o Espírito Santo nos conduz, iluminando passagens que antes pareciam comuns, mas que agora revelam verdades essenciais para a nossa vida. Esse tempo nos conecta à mente e ao coração de Deus.

Buscar a revelação divina na madrugada é um exercício de fé e paciência. Nem sempre as respostas são imediatas, mas cada momento na presença de Deus nos prepara para compreender sua vontade. É nesse ambiente que encontramos direção para decisões difíceis e forças para enfrentar os desafios diários.

A revelação de Deus também nos transforma. Quando ele nos fala, nossas prioridades são ajustadas e nossa fé, fortalecida. O que antes era motivo de dúvida se torna uma oportunidade de crescimento. Orar na madrugada é abrir o coração para o novo que Deus deseja realizar em nós.

Portanto, faça da madrugada um tempo de escuta e aprendizado. Abra-se para as revelações que o Senhor deseja compartilhar. A cada oração, uma nova página é escrita na história que Deus está construindo com você. E, ao final da noite, quando o dia amanhecer, você terá a certeza de que caminhou mais perto de Deus e compreendeu melhor seus planos para a sua vida.

Oração em clamor

Senhor, neste momento de quietude da madrugada, venho à tua presença em busca de tua voz. Que o silêncio ao redor permita que ouçamos tua direção e discernamos os caminhos que tens para nós. Assim como revelaste segredos aos que te temem, permite-nos, com humildade e reverência, conhecer tua aliança e teus propósitos. Concede-nos a capacidade de entender o que o ruído do dia oculta e que, em meio à calmaria da noite, possamos estar atentos ao que tens a nos comunicar.

Ó Deus, assim como Samuel ouviu tua voz no silêncio da noite, anseio pelo toque de tua palavra, que ilumina nossa mente e acalma nosso espírito. Que possamos receber tua sabedoria para cada decisão, para cada dilema que enfrentamos. Fortalece-nos e molda nossa visão para que possamos enxergar a vida à luz da tua verdade. Que o nosso coração, nesta madrugada, esteja aberto para acolher cada revelação que tens para nós.

Ao meditarmos em tua Palavra, concede-nos clareza para compreender as Escrituras de maneira nova. Que o Espírito Santo nos ilumine, revelando verdades que nos edifiquem e nos aproximem de ti. Que o poder de tua Palavra ajuste nossas prioridades e reforce nossa fé, para que possamos deixar de lado as dúvidas e nos lançarmos ao que preparaste para nossa vida.

Senhor, que cada momento em tua presença, ainda que as respostas não sejam imediatas, nos aproxime mais de tua vontade. Que as horas tranquilas da madrugada sejam um tempo de aprendizado, de descoberta e de entrega. A cada novo amanhecer, que possamos sentir que andamos mais perto de ti e que estamos prontos para enfrentar os desafios que surgem.

6ª Madrugada

Como o Espírito Santo consola durante a noite

"E eu rogarei ao Pai, e ele vos dará outro Consolador, para que fique convosco para sempre." (João 14:16)

Nas horas mais silenciosas da madrugada, o Espírito Santo se revela como nosso Consolador. Quando tudo parece estar em pausa e as preocupações tentam dominar o coração, ele está presente para trazer conforto e paz. A solidão noturna pode ser opressiva, mas também oferece uma oportunidade de experimentar a presença íntima de Deus de maneira mais próxima.

O consolo do Espírito é real e tangível. Ele nos recorda as promessas do Senhor e renova em nós a esperança, mesmo quando tudo ao redor parece incerto. Assim como Jesus prometeu enviar o Espírito para estar conosco, ele nos acompanha nas madrugadas silenciosas, preenchendo o vazio e nos ajudando a descansar nele.

A oração durante a noite é uma oportunidade para que o Espírito Santo ministre ao nosso coração. Ele alivia nossas ansiedades, fortalece-nos nas fraquezas e nos dá coragem para seguir em frente. Muitos testemunhos relatam como, em momentos de intensa dor, o Espírito

Santo trouxe paz e segurança durante as orações noturnas, mostrando que Deus está próximo.

Esse consolo também nos leva a desenvolver uma fé mais firme e amadurecida. Ao confiar nossas angústias ao Senhor na madrugada, aprendemos a descansar em sua soberania, mesmo sem compreender completamente seus planos. O Espírito Santo nos ensina a entregar cada preocupação ao Pai, sabendo que ele cuida de nós em todo tempo.

Além disso, o Espírito Santo nos inspira a interceder por outros. Ao experimentarmos seu consolo, somos movidos a orar por aqueles que também precisam de esperança e conforto. A madrugada torna-se um tempo não apenas para receber, mas também para compartilhar a presença de Deus com outros, por meio da intercessão.

Portanto, ao se sentir sobrecarregado, busque o Espírito Santo durante a noite. Permita que ele console o seu coração e renove suas forças. A cada oração, você será fortalecido pela certeza de que não está sozinho — o Consolador está presente, conduzindo você em amor e graça, e preparando-o para enfrentar um novo amanhecer com confiança.

Oração em clamor

Senhor, neste momento de silêncio e serenidade, elevo meu clamor, reconhecendo a presença do teu Espírito Santo, nosso Consolador fiel. Em meio à quietude da madrugada, venho diante de ti com o coração carregado de ansiedades e inseguranças, buscando o conforto que só o teu Espírito pode trazer. Que tua paz inunde minha alma, afastando toda inquietação e preenchendo cada vazio com tua presença constante e amorosa.

Ó Consolador, assim como prometeste estar conosco para sempre, sinto-te ao meu lado neste momento, lembrando-me das tuas promessas e renovando minha esperança. Quando as dificuldades parecem querer se sobrepor à minha paz, o Senhor permanece próximo, acalmando meu espírito e reafirmando tua fidelidade. Que eu possa descansar em ti, sabendo que és aquele que nunca abandona e que sempre acolhe as dores mais profundas do coração.

Na serenidade da madrugada, entrego-te cada uma das minhas preocupações. Que tua força me revista e tua coragem me permita seguir em frente, mesmo sem ver a totalidade dos teus planos. Ensina-me a confiar no teu cuidado, a descansar na tua soberania e a entender que, em ti, há consolo para toda dor e refúgio para cada temor. Que, ao lançar sobre ti cada inquietação, eu seja fortalecido e confiante em tua presença que nunca falha.

Peço-te também, Espírito Santo, que me inspire a interceder pelos que precisam do teu conforto. Que minha oração não seja apenas para o meu consolo, mas que eu possa ser um canal de tua paz e esperança para aqueles que enfrentam noites de solidão e angústia. Que essa madrugada seja um tempo de renovação e confiança em teu amor constante. Que ao amanhecer, eu saiba que fui amparado por tua graça e que tua presença me prepara para os desafios de um novo dia.

7ª Madrugada

Sonhos proféticos: mensagens de Deus na noite

"Quando entre vós houver profeta, eu, o Senhor, em visão a ele me farei conhecer ou em sonhos falarei com ele." (Números 12:6)

Desde os tempos bíblicos, Deus tem usado sonhos para revelar seus planos e instruções ao seu povo. A noite é um meio privilegiado pelo qual ele comunica mensagens significativas, seja por meio de sonhos proféticos ou visões. Um exemplo é a vida de José, filho de Jacó, que recebeu revelações sobre o futuro por meio de sonhos (Gênesis 37:5-9). Esses sonhos não apenas orientaram sua trajetória pessoal, mas influenciaram o destino de uma nação.

Sonhos proféticos são mais do que reflexos dos nossos pensamentos; são manifestações do propósito de Deus. No entanto, discernir um sonho de origem divina requer sensibilidade espiritual e busca contínua pela presença do Espírito Santo. Orar logo ao acordar de um sonho significativo pode esclarecer a mensagem e auxiliar na sua aplicação correta.

Muitas vezes, Deus nos dá sonhos para nos encorajar ou alertar sobre situações que estão por vir. Esses sonhos podem nos levar à intercessão, motivando-nos a orar por outras pessoas ou por desafios pessoais ainda não manifestados. A oração na madrugada é uma resposta eficaz a esses sinais, fortalecendo nossa fé e preparando nosso espírito para os desafios futuros.

É importante lembrar que nem todo sonho é uma mensagem divina. É na oração e na meditação na Palavra de Deus que encontramos discernimento para distinguir o que vem dele e o que deve ser descartado. Assim, a madrugada se torna um tempo sagrado para buscar entendimento e entregar nossos sonhos nas mãos do Senhor.

Ao nos entregarmos a esses momentos, pedimos que Deus nos conceda clareza e revelação. A noite pode ser o palco para que sonhos divinos sejam plantados em nosso coração e nos inspirem a caminhar segundo a vontade dele. E, assim como José, aprenderemos a confiar no tempo e na soberania do Senhor para cumprir cada palavra que ele nos revelar.

Oração em clamor

Senhor, nesta madrugada venho diante de ti com o coração aberto, disposto a ouvir tua voz e a entender as revelações que podes compartilhar por meio dos sonhos. Sei que, desde os tempos antigos, tens usado a noite para falar ao coração de teus servos, trazendo direção, esperança e alertas que moldam nossas vidas e propósitos. Peço que, como fizeste com teus profetas, concedas-me a sensibilidade para discernir o que vem de ti e a sabedoria para aplicar cada mensagem segundo tua vontade.

Ó Deus, que possamos reconhecer em cada sonho que nos dás um sinal do teu cuidado e de teus planos. Quando a inquietude toma conta do meu espírito, que tua voz me traga paz e me revele o que preciso saber. Que o Espírito Santo esteja comigo ao acordar, ajudando-me a entender a profundidade do que tu desejas comunicar. Que, ao orar, eu encontre em tua presença o discernimento necessário para interpretar e cumprir cada orientação que recebo.

Permita, Senhor, que esses sonhos não sejam apenas manifestações passageiras, mas que sirvam para fortalecer minha fé e despertar em mim a intercessão por aqueles que precisam de tua mão protetora e de tua direção. Concede--me clareza para reconhecer o que é verdadeiro e alinhado à tua Palavra, para que eu possa caminhar em sintonia com tua vontade. Que cada sonho significativo seja um lembrete da tua presença constante e de teu desejo de guiar-me em cada aspecto de minha vida.

Assim como fizeste com José, capacita-me a esperar pacientemente pelo cumprimento de tuas promessas, confiando no tempo perfeito de tua ação. Que cada revelação plantada em meu coração durante a noite seja nutrida pela fé e pela confiança na tua soberania. E, ao amanhecer, que eu tenha a certeza de que tua presença está comigo, orientando-me em cada passo e me preparando para cumprir o propósito que reservaste para mim.

8ª Madrugada

Quando oramos, os céus se movem

"E tudo o que pedirdes em oração, crendo, o recebereis." (Mateus 21:22)

A oração é uma das mais poderosas práticas que o cristão possui. A madrugada, com sua tranquilidade e ausência de distrações, transforma-se em um altar onde apresentamos nossos pedidos e intercedemos pela intervenção divina. Nesses momentos, percebemos que a oração não apenas nos conecta ao céu, mas também move o coração de Deus em nosso favor.

Quando buscamos a Deus nas primeiras horas da manhã, damos um passo de fé que demonstra nossa dependência dele. A Bíblia está repleta de histórias de homens e mulheres que testemunharam o céu se mover em resposta às suas orações. Elias, por exemplo, orou fervorosamente, e, após três anos e meio de seca, Deus enviou chuva sobre Israel (1 Reis 18:42-45).

A oração na madrugada é especialmente significativa porque envolve disciplina e sacrifício. O ato de levantar-se enquanto o corpo pede descanso é uma expressão de fé que agrada a Deus. Ele vê nosso esforço e honra cada palavra sincera que sai do nosso coração. Ao orarmos nas horas silenciosas, os céus começam a agir em nosso favor.

Além de fazer pedidos, a oração também nos permite alinhar nosso coração à vontade de Deus. Na madrugada, aprendemos a pedir não apenas o que desejamos, mas o que glorifica ao Senhor. E é nesse processo de entrega e dependência que experimentamos respostas transformadoras.

Cada oração feita de madrugada é como uma semente plantada no terreno da fé. Às vezes, os resultados não são imediatos, mas podemos ter certeza de que Deus está agindo. Ele nunca despreza uma oração sincera. Por isso, ore com confiança, sabendo que, enquanto você busca ao Pai, os céus já estão se movendo para trazer as respostas.

Oração em clamor

Senhor Deus, reconhecemos que a oração é o canal pelo qual te buscamos e expressamos nossa dependência de tua intervenção em nossas vidas. Nos momentos de madrugada, quando o silêncio envolve tudo ao nosso redor, elevamos nossos corações e nossas palavras, confiando que estás atento a cada clamor. Que nossas orações sejam ouvidas e acolhidas diante de ti, pois sabemos que, em resposta ao nosso clamor, os céus se movem e transformam situações.

Assim como o profeta Elias, que orou com perseverança e viu a chuva descer sobre uma terra sedenta, clamamos para que tua ação se manifeste em cada área onde há necessidade, onde a resposta parece demorada, e onde aguardamos tua mão poderosa. Concede-nos a mesma fé que levou teus servos a confiar em teu tempo e em tua vontade, mesmo quando as respostas pareciam distantes.

Ao nos aproximarmos de ti nas primeiras horas do dia, enfrentamos o desafio de abrir mão do descanso e erguer um altar em nossas madrugadas. Esse ato é mais do que uma disciplina; é uma expressão de nossa entrega. Que cada palavra pronunciada nessa quietude seja regada pela confiança de que estás atento a tudo que dizemos, a cada suspiro e súplica. Oramos para que nosso coração se alinhe ao teu, e que nossa busca esteja centrada na tua glória, acima de nossos desejos e anseios.

Permite-nos experimentar a tua vontade em nossa vida, pois é em ti que encontramos a verdadeira paz e respostas que vão além do que podemos imaginar. Que cada oração feita neste altar da madrugada seja como uma semente lançada, acreditando que, no tempo certo, o fruto virá, pois tu jamais desprezas uma oração sincera. Em teu nome, confiamos que os céus já estão se movendo e trazendo as respostas. Amém.

9ª Madrugada

Jesus e seus momentos de oração noturna

"E aconteceu que, naqueles dias, subiu ao monte a orar, e passou a noite em oração a Deus." (Lucas 6:12)

Jesus, nosso maior exemplo, dedicava momentos da noite para estar em oração com o Pai. Antes de tomar decisões importantes, como escolher seus discípulos, Ele passava longas horas buscando a direção de Deus. Sua vida de oração demonstra a importância de dedicar tempo exclusivo para comunhão com o Pai, especialmente nas horas em que o mundo está em silêncio.

Orar durante a madrugada é seguir o exemplo de Cristo. A oração noturna não é apenas um hábito devocional, mas um meio de fortalecer a alma e preparar-se para os desafios que o dia seguinte trará. Assim como Jesus buscava orientação e força antes de enfrentar grandes momentos de seu ministério, também precisamos nos fortalecer espiritualmente para viver de acordo com a vontade de Deus.

A oração na madrugada também reflete nossa total dependência do Pai. Quando colocamos nossas preocupações diante dele, encontramos paz e confiança para tomar decisões difíceis. No jardim do Getsêmani, Jesus demonstrou que, mesmo nas horas mais escuras, a oração é nossa fonte de sustento e rendição à vontade de Deus (Mateus 26:36-39).

Esses momentos de oração não são apenas para pedir coisas, mas para desenvolver intimidade com Deus. Jesus nos ensinou que a vida espiritual se sustenta na comunhão diária com o Pai. A madrugada é um tempo especial para renovar essa aliança e receber forças para enfrentar qualquer desafio que possa surgir.

Portanto, cada vez que você orar de madrugada, lembre-se do exemplo de Cristo. Use esse tempo para buscar a presença de Deus, ouvir sua voz e alinhar seu coração à vontade dele. Assim como Jesus foi fortalecido para cumprir seu propósito, você também será capacitado para viver uma vida de obediência e vitória.

Oração em clamor

Senhor Deus, hoje me volto a ti em oração noturna, buscando inspiração no exemplo de Jesus, que dedicava suas madrugadas ao encontro contigo. Que eu possa também, nas horas silenciosas da noite, separar esse momento exclusivo para me render à tua presença e ouvir tua voz. Quando o mundo está em repouso, ensina-me a erguer meu coração em busca de orientação, colocando diante de ti cada uma das decisões que moldam minha vida. Que minha alma seja fortalecida em tua companhia, tal como o Senhor foi fortalecido para enfrentar seu ministério, e que eu encontre em ti a sabedoria para os desafios que me esperam no dia que amanhece.

Pai amado, assim como Jesus no Getsêmani, venho entregar meus temores e incertezas. Que eu aprenda a confiar inteiramente em teu cuidado e a repousar em tua paz, ainda que as circunstâncias sejam difíceis. Dá-me serenidade e coragem, Senhor, para viver conforme tua vontade, buscando sempre a fidelidade e obediência que Jesus demonstrou. Que esses momentos contigo sejam de verdadeira intimidade, onde minha vida espiritual seja renovada e onde meu coração se alinhe ao teu propósito.

Hoje, ao orar na madrugada, renovo minha dependência de ti, reconhecendo que, sem tua presença, nada sou. Que tu me conduzas, Senhor, e me capacites a caminhar com firmeza e discernimento, cumprindo tua vontade com a força que só pode vir de ti. Em nome de Jesus, amém.

10ª Madrugada

Vigílias: permanecendo na presença de Deus

"Vigiai e orai, para que não entreis em tentação; o espírito, na verdade, está pronto, mas a carne é fraca." (Mateus 26:41)

As vigílias são práticas espirituais significativas, em que dedicamos tempo prolongado à oração e à adoração durante a noite. Permanecer em oração nas horas silenciosas é uma maneira de estar atento à voz de Deus e de se preparar para as lutas espirituais. Jesus instruiu seus discípulos a vigiarem e orarem, reconhecendo que a carne é fraca e que precisamos de força espiritual para não cair em tentação.

A vigília é um ato de disciplina e sacrifício que expressa nossa seriedade em buscar a Deus. Assim como os soldados permanecem alertas durante a noite para proteger seus postos, os cristãos vigiam em oração, intercedendo por suas vidas, suas famílias e a igreja. A oração vigilante nos fortalece e nos prepara para as batalhas espirituais enfrentadas diariamente.

Durante a madrugada, a presença de Deus é percebida e nos transforma. As vigílias permitem que tenhamos tempo suficiente para ouvir a voz do Espírito Santo, refletir sobre nossas vidas e buscar alinhamento com a vontade divina. É também um momento para adorar e louvar ao Senhor, agradecer por suas bênçãos e renovar nossa fé.

Participar de vigílias também nos conecta com a história da igreja, que ao longo dos séculos valorizou a oração noturna como um meio de avivamento e comunhão intensa com Deus. Ao perseverarmos em oração nessas horas, experimentamos uma renovada sensação de propósito e a certeza de que estamos na presença do Pai.

Portanto, dedique tempo para vigiar e orar. Seja em uma vigília pessoal ou coletiva, a oração noturna fortalecerá sua fé, renovará sua esperança e abrirá caminhos para milagres. Ao permanecer na presença de Deus, você será capacitado a vencer as tentações e a cumprir com fidelidade o propósito para o qual foi chamado.

Oração em clamor

Ó Pai Eterno, inclinamos nosso coração em tua presença nesta hora de vigília. Reconhecemos que nossa natureza é frágil, e clamamos para que tua força nos sustente em meio às tentações e provações. Assim como teu Filho alertou os discípulos a vigiarem e orarem, pedimos que estejamos atentos e perseverantes em te buscar, especialmente nos momentos de quietude. Senhor, que o silêncio da noite seja preenchido por tua voz, conduzindo-nos para o centro de tua vontade e alinhando nossos corações aos teus desígnios.

Concede-nos a disciplina e o desejo de permanecer em oração, não apenas em palavras, mas em profunda comunhão contigo. Que cada súplica nesta madrugada seja uma expressão de entrega, moldando-nos conforme teus propósitos. Pedimos também, Pai, que o Espírito Santo reforce nossas fraquezas e fortaleça nossa fé, para que possamos resistir aos apelos da carne e perseverar em santidade. Que, como sentinelas, possamos orar por nossas vidas, por nossas famílias e pela igreja, atentos aos teus chamados e prontos para cumprir nosso papel como intercessores.

Senhor, em meio à escuridão, revelas a tua luz. Que a vigília seja um tempo de transformação, em que tua presença restaure nossa esperança e nos inspire a prosseguir. Que cada minuto passado em tua presença renove nosso ânimo e nos prepare para as batalhas que enfrentaremos. Assim como tantos irmãos ao longo dos séculos buscaram-te nessas horas silenciosas, pedimos que nos acolhas e que, ao sairmos deste momento, possamos sentir a renovação que só tu ofereces.

11ª Madrugada

Intercessão na madrugada: levantando muros espirituais

"Busquei entre eles um homem que tapasse o muro e se colocasse na brecha diante de mim a favor desta terra, para que eu não a destruísse; mas não encontrei nenhum." (Ezequiel 22:30)

A madrugada é um momento especial para a intercessão, quando nos colocamos na brecha por outros. Interceder é mais do que orar por alguém — é agir como mediador espiritual, suplicando diante de Deus em favor de pessoas, famílias e até nações. Durante a noite, quando tudo parece em silêncio, a intercessão se torna uma prática eficaz para erguer muros espirituais que protegem e abençoam vidas.

A história de Abraão intercedendo por Sodoma é um exemplo claro de como Deus ouve e responde às orações intercessoras (Gênesis 18:22-33). Mesmo diante de uma cidade corrompida, a intercessão de um justo teve valor diante do Senhor. Isso nos encoraja a clamar com fé, sabendo que Deus ouve nossas súplicas, especialmente nas horas silenciosas da noite.

Orar de madrugada é um ato de sacrifício e amor. Estamos dedicando nosso tempo e esforço em benefício de outros, apresentando suas necessidades a Deus. Esse tipo de oração não só abençoa aqueles por quem oramos, mas também fortalece nossa própria fé, lembrando-nos de que somos instrumentos de Deus para a realização de seu propósito.

Nas horas noturnas, podemos interceder por aqueles que enfrentam crises emocionais, espirituais ou físicas. Podemos orar por cura, libertação e salvação, certos de que o Senhor ouve cada clamor sincero. É na intercessão que também cultivamos compaixão e empatia, colocando-nos no lugar daqueles que precisam de amparo e levando suas causas ao trono de Deus.

Além disso, a intercessão na madrugada nos posiciona como guerreiros espirituais. Enfrentamos batalhas invisíveis em favor de outros e confiamos que Deus está agindo. Oramos para que barreiras sejam derrubadas, que lares sejam restaurados e que vidas sejam transformadas pelo poder do Espírito Santo.

Por isso, faça da intercessão na madrugada uma prática constante. Erga-se como aquele que reconstrói o muro e se coloca na brecha. Sua oração pode ser a resposta que alguém tanto precisa. Quando clamamos nas horas escuras, Deus nos ouve, e os céus se movem em favor daqueles por quem intercedemos.

Oração em clamor

Ó Deus de misericórdia, nesta madrugada, nos colocamos diante de ti, pedindo para sermos instrumentos de tua paz e proteção. Assim como buscaste alguém que se colocasse na brecha e erigisse um muro de intercessão por sua terra, aqui estamos, dispostos a nos entregar em oração pelos necessitados, pelas famílias e pelas nações. Que nossas súplicas alcancem o teu trono e levantem muros espirituais de proteção ao redor daqueles que precisam de tua intervenção.

Clamamos por aqueles que enfrentam aflições, angústias e crises. Suplicamos por cura para os enfermos, libertação para os oprimidos e consolo para os que sofrem em solidão. Que o teu poder, ó Senhor, se manifeste na vida de cada um que mencionamos em nossas preces, e que tu os fortaleças para resistirem aos ataques que os afligem. Que o nosso clamor eleve barreiras espirituais, guardando os lares e sustentando as almas que te buscam.

Senhor, que nesta madrugada, ao nos dedicarmos à intercessão, possamos ser tomados por compaixão e empatia. Que, ao levantarmos esse muro espiritual, não façamos isso por obrigação, mas com verdadeiro amor pelos nossos irmãos e irmãs. Que possamos nos colocar no lugar daqueles que sofrem e, com o coração sincero, levar suas necessidades diante de ti. Em tua presença, renovamos nossa fé, confiantes de que tu estás atento a cada palavra que sai de nossos lábios.

Eterno Pai, que nossa oração noturna se torne um escudo contra as trevas, um muro de proteção contra os ataques espirituais, e um canal de tua graça sobre todos por quem intercedemos. Que vidas sejam restauradas, lares transformados e o teu poder glorificado por meio das respostas que concederás. Obrigado, Senhor, por nos ouvir e por nos dar a honra de nos colocarmos em favor de outros.

12ª Madrugada

Clamor por milagres nas horas silenciosas

"Clame a mim, e eu responderei e lhe direi coisas grandiosas e insondáveis que você não conhece." (Jeremias 33:3)

Milagres acontecem quando clamamos com fé, e a madrugada é um momento propício para buscar o sobrenatural de Deus. Nesse período silencioso, estamos mais sensíveis à sua presença e à manifestação de seu poder. Muitas das grandes intervenções de Deus na história da humanidade ocorreram quando homens e mulheres decidiram orar e clamar intensamente.

Um exemplo notável é o livramento de Pedro da prisão. A igreja orava fervorosamente por ele e, durante a noite, um anjo do Senhor abriu as portas da prisão e o libertou (Atos 12:5-10). Essa história nos ensina que Deus pode agir de formas surpreendentes e miraculosas, especialmente em resposta às orações feitas nas horas silenciosas.

Quando oramos de madrugada, declaramos nossa confiança de que Deus ainda realiza milagres. Clamamos por cura para os enfermos, libertação para os oprimidos, provisão para os necessitados e salvação para os perdidos. A oração fervorosa é como uma chama que sobe ao céu e desperta o favor de Deus sobre nossas vidas e sobre aqueles por quem intercedemos.

Esses momentos de oração também renovam nossa fé. Muitas vezes, durante o dia, enfrentamos obstáculos e desafios que tentam minar nossa esperança. Mas na madrugada, ao dobrarmos nossos joelhos e clamarmos, encontramos força para continuar acreditando que o impossível é possível para Deus.

O clamor por milagres é também uma forma de reconhecer nossa completa dependência do Senhor. Quando oramos, entregamos nossas limitações em suas mãos e permitimos que o sobrenatural aconteça. Não se trata apenas de pedir bênçãos, mas de viver em comunhão com o Deus que tudo pode.

Por isso, nas madrugadas silenciosas, clame com ousadia. Deus é fiel para ouvir e responder. Ele conhece cada necessidade e tem poder para fazer infinitamente mais do que tudo o que pedimos ou pensamos. Que cada clamor se converta em uma oportunidade para testemunhar o agir poderoso de Deus em sua vida e na vida daqueles que você ama.

Oração em clamor

Ó Senhor, Deus de milagres e maravilhas, nesta madrugada, colocamo-nos em tua presença, clamando com fé por tua intervenção sobrenatural em nossas vidas e nas vidas daqueles por quem intercedemos. Atendendo ao chamado de tua palavra, levantamos nossa voz nas horas silenciosas, confiantes de que ouvirás cada súplica e responderás com poder e graça. Assim como disseste ao teu povo para clamar, aqui estamos, desejando ver o teu agir em meio às nossas necessidades e limitações.

Tu és o Deus que liberta, o mesmo que enviou um anjo para abrir as portas da prisão de Pedro. Em nome de Jesus, pedimos que abençoes cada um que agora invocamos em oração. Que os enfermos sejam curados, que os oprimidos encontrem alívio e libertação, que os necessitados vejam tua provisão e que os corações aflitos encontrem a paz e a salvação em ti. Senhor, que teu poder se manifeste em cada situação, e que o teu nome seja exaltado por meio dos milagres que somente tu podes realizar.

Nesta madrugada, renovamos nossa confiança em tua palavra, que nos garante que nada é impossível para ti. Sabemos que, mesmo diante dos desafios e obstáculos que surgem durante o dia, podemos nos fortalecer na certeza de que tu ages no silêncio da noite. Que este tempo de oração nos reavive, renovando nossa esperança e fé no impossível. Queremos depender inteiramente de ti, entregando nossas limitações e permitindo que o teu sobrenatural aconteça em nós.

Ó Deus, ouve o nosso clamor e mostra-nos as maravilhas que ainda não conhecemos. Que cada oração feita nesta madrugada ascenda aos céus como uma oferta de confiança e devoção, abrindo os céus para que tu movas o impossível em nosso favor e em favor daqueles a quem amamos. A ti, Deus Todo-Poderoso, confiamos nossas petições e declaramos que és fiel para ouvir e responder, manifestando tua glória e amor em cada vida.

13ª Madrugada

Esperança no escuro: a oração que sustenta

"Por que você está abatida, ó minha alma? Por que se perturba dentro de mim? Espere em Deus, pois ainda o louvarei." *(Salmos 42:11)*

Há momentos em que a noite parece mais longa e as dificuldades parecem insuportáveis. A madrugada pode ser um período de reflexão profunda, mas também um tempo em que nossas inseguranças e temores vêm à tona. No entanto, é nesse momento de vulnerabilidade que a oração se torna um alicerce para a nossa esperança e sustento.

Davi, em muitos dos Salmos, expressava suas lutas internas e momentos de angústia. Mas ele sempre concluía suas orações com um firme compromisso de esperar em Deus. A oração na madrugada nos ensina a fazer o mesmo: reconhecer nossas fraquezas, mas permanecer confiantes de que o Senhor é a nossa rocha e refúgio.

A esperança que nasce na oração não é vaga, mas uma confiança baseada na fidelidade de Deus. Mesmo quando tudo ao redor parece escuro, a oração nos lembra de que o Senhor está presente, agindo em silêncio e preparando o caminho para um novo amanhecer. Assim como a noite sempre termina em dia, nossas lutas são temporárias diante do eterno cuidado de Deus.

Durante a madrugada, temos a oportunidade de depositar nossas ansiedades aos pés do Senhor. Orar é como abrir a alma e entregar a Deus aquilo que não conseguimos carregar sozinhos. Em troca, recebemos paz e renovamos nossa esperança. É a oração que nos sustenta, dando-nos forças para continuar, mesmo quando as respostas ainda não chegaram.

A esperança que encontramos na oração também nos torna testemunhas vivas do amor de Deus. À medida que ele responde nossas orações e nos fortalece em meio às dificuldades, podemos compartilhar essa esperança com outros, encorajando-os a confiar no Senhor. Nossa vida se torna um reflexo da graça divina que sustenta mesmo nas horas mais sombrias.

Portanto, nas madrugadas em que o desânimo ameaçar seu coração, busque ao Senhor em oração. Ele é a fonte inesgotável de esperança e sustento. Cada oração é um lembrete de que você não está sozinho, e que há um Deus que vê, ouve e age. E, ao final de cada noite, uma nova esperança nascerá com o dia.

Oração em clamor

Senhor, em meio às noites escuras da alma, aqui estamos diante de ti, entregando cada temor e inquietação que nos pesa o coração. Sabemos que tua presença é a nossa segurança, mesmo quando o desânimo tenta nos afligir. Assim como Davi clamou em meio às suas angústias, nós também elevamos nosso clamor a ti, confiando que tu nos ouves e que tua fidelidade é o sustento que precisamos. Ó Deus, sê nosso alicerce, nossa esperança inabalável, quando tudo ao redor parece desmoronar.

Nas horas silenciosas da madrugada, abrimos nossa alma e depositamos em ti todas as ansiedades que não conseguimos carregar. Reconhecemos que, sem ti, somos fracos, mas em tua presença encontramos o alívio e a força para perseverar. Que o peso que trazemos ao teu altar seja substituído por tua paz, e que cada oração que fazemos reacenda em nós a chama da esperança. Ajuda-nos a lembrar que, assim como a noite sempre cede ao amanhecer, nossas lutas são temporárias, e tua graça é eterna.

Senhor, que nossa confiança em ti não se abale, mesmo quando as respostas parecem distantes. Que cada momento de oração fortaleça nosso espírito, sustentando-nos nas horas de maior incerteza. Enche-nos com tua paz, aquela que excede todo entendimento, para que possamos testemunhar aos outros que, mesmo nos momentos mais sombrios, tu és o Deus que vê, ouve e age. Que possamos ser testemunhas vivas de tua graça, refletindo a esperança que só encontramos em ti e inspirando outros a se renderem ao teu cuidado.

Pai, nas madrugadas em que o desânimo ameaça invadir nosso coração, que possamos lembrar que não estamos sozinhos. Tu és o Deus presente, aquele que sustenta cada um de nós com tua mão firme. Que, ao final de cada noite de oração, possamos ver o renascer da esperança ao amanhecer, confiantes de que tu és nosso refúgio e que em ti encontramos a força para continuar.

14ª Madrugada

O poder do louvor na noite

"À meia-noite, Paulo e Silas estavam orando e cantando hinos a Deus; e os outros presos os ouviam." (Atos 16:25)

O louvor possui um poder extraordinário, especialmente quando oferecido nas horas mais difíceis. Paulo e Silas são um exemplo marcante de como louvar em meio à adversidade pode transformar situações. Presos, feridos e acorrentados, eles escolheram louvar ao Senhor no meio da noite. Como resultado, um terremoto abriu as portas da prisão e trouxe libertação.

O louvor nas madrugadas é uma expressão de fé, antecipando a resposta de Deus. Cantar ao Senhor em meio à dor ou à incerteza é afirmar que ele é digno, independentemente das circunstâncias. É durante a noite, quando tudo parece escuro e sem esperança, que o louvor ganha intensidade, elevando nossa alma e tocando o coração de Deus.

Além disso, o louvor possui a capacidade de romper correntes espirituais. Ao escolher adorar, mesmo em tempos de aflição, desarmamos as forças que tentam nos oprimir. Assim como as correntes de Paulo e Silas se romperam, muitas vezes nossas próprias cadeias emocionais e espirituais se desfazem diante da presença de Deus.

Cantar na madrugada também transforma o ambiente ao redor. Nosso lar se enche da paz e da presença do Senhor, e nossa alma encontra descanso em meio à adoração. Não é preciso um palco ou uma multidão; a verdadeira adoração pode ser experimentada no silêncio de um quarto, onde apenas você e Deus estão presentes.

Por fim, o louvor na madrugada é uma arma espiritual. Ele nos fortalece, renova nossa confiança no Senhor e nos prepara para enfrentar o novo dia. Cada cântico é uma expressão de fé e esperança que abre espaço para que Deus aja em nossas vidas de maneira poderosa.

Portanto, inclua o louvor em suas orações noturnas. Quando a noite parecer sombria e as circunstâncias desafiadoras, eleve sua voz e adore ao Senhor. O Deus que libertou Paulo e Silas é o mesmo hoje e habita no meio dos louvores do seu povo.

Oração em clamor

Ó Senhor, Deus de poder e graça, nesta madrugada nos aproximamos de ti em louvor, elevando nossa voz mesmo em meio às dificuldades. Assim como Paulo e Silas escolheram cantar em meio às suas aflições, também te adoramos agora, confiando que tu estás conosco e que não há cadeias que possam nos deter quando a tua presença se manifesta. Te louvamos, Pai, porque tu és digno, independentemente das circunstâncias, e sabemos que teu poder é capaz de transformar qualquer situação.

Mesmo em meio à noite escura, declaramos que tu és o nosso refúgio e fortaleza, um socorro presente na angústia. Que nosso louvor ascenda aos céus, tocando o teu coração e preenchendo este ambiente com tua paz. Senhor, que cada palavra de adoração seja um rompimento das correntes espirituais que tentam nos prender, seja ao medo, à insegurança ou à tristeza. Confiamos que, ao te louvar, tu derramas sobre nós uma renovação de fé e esperança.

Sabemos que o louvor não é apenas um cântico, mas uma declaração de confiança em ti. Que, ao cantar para ti nesta madrugada, cada corrente que nos limita seja quebrada, cada fardo se torne mais leve e nossa alma encontre descanso em tua presença. Que nossa adoração transforme este lugar e seja uma fonte de paz para nossos corações, preparando-nos para enfrentar o novo dia com coragem e confiança.

Senhor, agradecemos por habitares no meio dos louvores do teu povo. Que nosso louvor noturno seja uma arma espiritual que nos fortaleça, nos renove e nos capacite a enfrentar o que vier. Que, como fizeste com Paulo e Silas, também nos libertes de tudo o que tenta nos aprisionar. Nós confiamos em teu poder, e, com coração grato, exaltamos o teu nome, certos de que estás presente e pronto para agir.

15ª Madrugada

Destruindo fortalezas pelo jejum e oração madrugadora

"Este tipo de demônio só sai pela oração e pelo jejum." (Mateus 17:21)

O jejum e a oração são uma combinação poderosa na batalha espiritual. Quando esses dois elementos são praticados juntos, especialmente durante a madrugada, experimentamos o rompimento de fortalezas que tentam se erguer contra nós. A madrugada é um tempo especial para intensificar essa disciplina espiritual e ver a mão de Deus em ação.

Jesus ensinou aos seus discípulos que algumas batalhas espirituais só podem ser vencidas por meio da oração e do jejum. A prática do jejum nos aproxima de Deus e afina nossos sentidos espirituais, enquanto a oração fortalece nossa fé e nos conecta com o coração do Pai. A combinação dessas práticas é eficaz para destruir barreiras que parecem intransponíveis.

Durante a madrugada, quando estamos mais sensíveis ao Espírito Santo, o jejum e a oração se tornam ainda mais impactantes. É um momento de entrega total, em que abrimos mão de nossos desejos e prazeres para buscar a vontade de Deus. Ao renunciar à comida e dedicar tempo em oração, experimentamos um nível mais profundo de comunhão com o Senhor.

O jejum e a oração madrugadora também nos ajudam a discernir e vencer lutas internas, como o orgulho, a ansiedade e o medo. Muitas vezes, Deus usa esses momentos para revelar áreas da nossa vida que precisam ser transformadas. Cada madrugada de oração e jejum é uma oportunidade de nos render mais plenamente à vontade do Pai.

Além disso, essas práticas nos capacitam para interceder por outros. Quando oramos e jejuamos de madrugada, nos posicionamos como instrumentos de Deus para trazer libertação, cura e restauração a pessoas e situações que necessitam da intervenção divina.

Portanto, use a madrugada como um tempo para intensificar sua oração e jejum. Lembre-se de que a disciplina espiritual traz resultados poderosos. As fortalezas que tentam se erguer contra você e sua família não resistirão à oração fervorosa e ao jejum sincero. Deus honra aqueles que se entregam totalmente a ele.

Oração em clamor

Ó Deus, nesta madrugada, nos rendemos a ti em oração e jejum, buscando tua força para destruir toda fortaleza que se levanta contra nossas vidas e nossos entes queridos. Conforme ensinaste aos teus discípulos, algumas batalhas só podem ser vencidas por meio dessa entrega, e aqui estamos, abandonando nossos próprios desejos para nos alinhar à tua vontade. Clamamos, Senhor, que tua presença seja manifesta em nosso meio e que tua mão poderosa desfaça as barreiras que nos impedem de caminhar em plena liberdade espiritual.

Pai, ao nos dedicarmos a esta madrugada de jejum e oração, pedimos que nossos corações sejam afinados com o teu Espírito. Que cada palavra proferida e cada renúncia feita durante este tempo intensifique nossa comunhão contigo e fortaleça nossa fé. Sabemos que, ao nos aproximarmos de ti, encontramos direção e força para superar tudo o que tenta se interpor entre nós e o propósito que estabeleceste para nossas vidas. Que o jejum seja uma oferta sincera, uma expressão de nosso desejo de ouvir tua voz e ver tua mão em ação.

Senhor, revela-nos áreas em nossas vidas que precisam ser transformadas. Que, neste tempo de entrega, possamos enxergar com clareza aquilo que precisamos mudar, entregando a ti nosso orgulho, nossas ansiedades e nossos medos. Renova nosso espírito, fortalece nossa fé e dá-nos discernimento para vencer as lutas internas que enfrentamos. Cada momento passado em tua presença nesta madrugada é uma oportunidade de nos rendermos mais plenamente ao teu querer.

Eterno Pai, usamos este tempo para interceder por aqueles que necessitam de tua intervenção. Que nossas orações e jejum sirvam como uma ferramenta para libertação, cura e restauração, derrubando qualquer barreira espiritual que os aflige. Que estejamos prontos para ser instrumentos em tuas mãos, levando tua luz e tua paz onde houver necessidade. Confiamos que, ao buscarmos a ti com sinceridade e entrega, veremos tua glória se manifestar, e as fortalezas que tentam se erguer contra nós não prevalecerão, pois tu és o nosso Deus e Salvador.

16ª Madrugada

Oração persistente: quando a resposta atrasada traz vitória

"Regozijai-vos na esperança, sede pacientes na tribulação, perseverai na oração." (Romanos 12:12)

A persistência na oração demonstra fé e confiança no tempo de Deus. A madrugada é um momento ideal para praticar essa disciplina, pois exige perseverança e dedicação. Muitas vezes, as respostas de Deus parecem demorar, mas é durante a espera que somos moldados e preparados para receber a vitória.

Jesus contou a parábola da viúva persistente (Lucas 18:1-8) para ensinar seus discípulos a nunca desistirem de orar. A viúva continuava pedindo justiça ao juiz, e, finalmente, ele atendeu seu pedido por causa da insistência dela. Da mesma forma, Deus responde à oração persistente, não porque ele precise ser convencido, mas porque deseja nos ensinar a confiar nele.

Orar de madrugada é um exercício de paciência e fé. Ao buscar a Deus durante as horas silenciosas, mesmo quando a resposta não chega imediatamente, aprendemos a descansar na certeza de que ele está no controle. Cada oração é como uma semente plantada, que, no tempo certo, dará fruto.

A persistência também fortalece nossa comunhão com Deus. À medida que continuamos orando, nos tornamos mais próximos dele e mais conscientes da sua vontade. A oração nos transforma e nos prepara para receber as bênçãos de maneira madura e com gratidão.

Portanto, não desista de orar, mesmo que a resposta pareça demorar. Use a madrugada para renovar sua esperança e confiança no Senhor. A vitória não está apenas na resposta, mas no processo de depender de Deus e crescer em fé. No momento certo, a resposta virá, e você verá que valeu a pena esperar.

Oração em clamor

Senhor Deus, venho diante de ti em um clamor por perseverança e confiança em teus planos. Ensina-me a ser paciente, mesmo quando o silêncio parece se prolongar e o socorro demora a chegar. Que eu compreenda que a espera não é sinal de abandono, mas sim um convite para que minha fé amadureça. Em cada momento de oração, especialmente nas madrugadas, fortalece meu coração para que eu aprenda a confiar em tua soberania e amor.

Assim como a viúva insistente, desejo persistir, Senhor, sabendo que tu ouves cada palavra e reconheces cada clamor. Que minha oração constante se torne como uma semente, plantada com fé, esperando no solo do teu tempo perfeito para dar frutos de bênçãos e crescimento. Não permitas que o desânimo tome conta de mim; renova em mim a esperança e a confiança em teus planos e em teu cuidado. Mesmo quando a resposta parece distante, faz-me lembrar que tu estás presente, moldando meu caráter e alinhando minha vida à tua vontade.

Peço-te que, durante a quietude da madrugada, eu encontre consolo em tua presença, e que minha oração seja como uma ponte que me une a ti, onde as palavras ditas e as lágrimas derramadas sejam testemunhas de minha fé em tua providência. Que o tempo de espera seja também um tempo de intimidade e aproximação contigo. Faz com que, ao perseverar em oração, eu me torne mais sensível ao teu propósito para minha vida e, ao final, esteja preparado para receber o que tens para mim com gratidão e humildade.

No teu tempo, Senhor, que eu veja a resposta e reconheça que cada segundo de espera teve um propósito. Que minha vitória não seja apenas na chegada da bênção, mas na certeza de que, ao longo do caminho, fui transformado e fortalecido pela tua presença fiel. Amém.

17ª Madrugada

Alinhando-se à vontade de Deus ao amanhecer

"Entrega o teu caminho ao Senhor; confia nele, e ele tudo fará." (Salmos 37:5)

A madrugada é um tempo propício para buscar a direção de Deus e alinhar nossa vontade à dele. Com o silêncio predominando, podemos colocar diante do Senhor nossos planos, sonhos e decisões, pedindo que ele os conduza conforme seu propósito. Esse é um exercício de confiança e rendição, pois entregamos o controle das nossas escolhas ao Pai.

Jesus, em seu ministério, buscava o Pai nas madrugadas para estar em plena sintonia com a vontade dele. Antes de grandes decisões, como a escolha dos discípulos, Ele passou a noite em oração (Lucas 6:12-13). Esse exemplo nos ensina que, ao dedicarmos as primeiras horas do dia na presença de Deus, recebemos sabedoria e discernimento para agir conforme sua vontade.

A oração madrugadora não apenas nos direciona, mas também transforma nosso coração. Ao apresentarmos nossos desejos ao Senhor, somos moldados e refinados para buscar aquilo que o agrada. Por vezes, a vontade de Deus pode diferir dos nossos planos, mas, ao orar de madrugada, aprendemos a confiar que ele sabe o que é melhor.

Esse alinhamento espiritual também traz paz e confiança. Mesmo diante de incertezas, temos a certeza de que Deus está no controle e guiará nossos passos. Assim como a luz do amanhecer dissipa a escuridão, a oração matutina traz clareza e direção para o novo dia.

Por isso, faça da madrugada um momento de entrega e alinhamento com o Senhor. Coloque diante dele seus projetos e preocupações e confie que ele fará o melhor. Ao se alinhar à vontade de Deus, você encontrará propósito, paz e a certeza de estar caminhando na direção certa.

Oração em clamor

Senhor Deus, ao adentrar a madrugada, venho a ti com o coração humilde, buscando alinhar minha vida à tua vontade perfeita. Coloco diante de ti cada pensamento, cada plano e cada decisão que permeia meu coração, desejando que tudo seja conduzido pelo teu propósito. Ensina-me, Pai, a confiar plenamente em ti, entregando-te o controle das minhas escolhas e submetendo-me ao teu direcionamento com fé.

Assim como Jesus buscou tua presença nas madrugadas, desejando tua orientação em momentos decisivos, também eu me coloco aos teus pés, ansiando pela tua sabedoria e discernimento. Quero que tu molde minha mente e meu espírito, transformando cada desejo do meu ser para que estejam alinhados ao que te agrada. Sei que nem sempre o que almejo é o que tens reservado para mim, mas, Senhor, eu te peço: ajusta meu coração para aceitar com serenidade o que tu sabes ser o melhor.

Concede-me, Senhor, a serenidade para descansar em tua soberania e a paz que só tua presença traz. Que a claridade que emerge com o amanhecer dissipe as dúvidas e incertezas que possam assombrar minha alma, trazendo-me clareza e segurança em cada passo. Ajuda-me a iniciar este novo dia sob a tua orientação, com a confiança de que és tu quem guia meus passos.

Que, ao entregar minhas preocupações e projetos em tuas mãos, eu possa caminhar na tua direção, encontrando propósito e paz em cada escolha. Recebe minha entrega nesta madrugada, Senhor, e fortalece-me para seguir teu caminho com firmeza, sabendo que, em ti, meu destino é seguro.

18ª Madrugada

Oração no vale: o Deus presente em tempos difíceis

"Ainda que eu ande pelo vale da sombra da morte, não temerei mal nenhum, porque tu estás comigo; o teu bordão e o teu cajado me consolam." (Salmos 23:4)

Todos nós passamos por vales escuros em algum momento da vida. São momentos de dor, dúvida e solidão que parecem não ter fim. No entanto, é justamente nas madrugadas mais difíceis que descobrimos a presença consoladora de Deus. A oração na madrugada, nesses períodos, se torna um clamor por ajuda e um encontro transformador com o Pai.

Davi, ao escrever o Salmo 23, declarou que não temeria o mal, porque sabia que Deus estava com ele. Essa confiança é cultivada na oração, especialmente nas horas silenciosas da noite. Quando as dificuldades parecem insuportáveis, a oração é um ato de fé que nos lembra que não estamos sozinhos.

Orar durante a madrugada nos permite despejar diante de Deus toda a nossa angústia. Nesses momentos de vulnerabilidade, não precisamos esconder nada do Senhor.

Podemos apresentar nossas dores e medos, certos de que Ele nos ouve e nos fortalece.

A oração no vale também renova nossa esperança. Embora não possamos evitar todas as dificuldades, encontramos consolo e forças na presença de Deus. A cada oração, Ele nos capacita a atravessar os momentos difíceis com confiança e perseverança.

Portanto, ao passar por um vale escuro, busque a presença de Deus na madrugada. Clame por sua ajuda e permita que Ele renove sua força e esperança. A oração é um lembrete de que, mesmo nas noites mais sombrias, o Senhor está ao seu lado, guiando e sustentando você.

Oração em clamor

Senhor, diante dos vales sombrios que atravessamos, venho a ti com o coração cheio de confiança na tua presença constante. Embora as sombras do sofrimento e da incerteza tentem envolver-me, tua palavra me recorda que tu estás comigo. Peço que tua presença seja o alicerce onde minha alma se apoia nos momentos de dor e solidão. Que eu possa sentir teu cuidado e teu consolo, mesmo quando a noite parecer interminável.

Assim como Davi, quero declarar minha fé em tua companhia, que dissipa o medo e traz segurança. Permita-me, ó Deus, derramar toda a minha angústia diante de ti, sem reservas, pois sei que ouves cada palavra, até as que não consigo pronunciar. Transforma, Senhor, minha aflição em força, e minha insegurança em paz, pois só em ti encontro o apoio verdadeiro e duradouro.

Clamo para que renoves minha esperança em cada oração. Que a tua presença me envolva, trazendo paz e vigor para enfrentar as dificuldades que se apresentam. Concede-me a coragem de atravessar o vale com perseverança, certo de que, em cada passo, tu seguras minha mão e me sustentas. Que tua presença seja a luz que guia meu caminho, mesmo quando tudo ao redor parece incerto.

Pai, ensina-me a confiar em ti nas horas silenciosas da noite, onde a alma se desnuda e busca refúgio. Que a minha fé seja fortalecida a cada encontro contigo, lembrando-me sempre de que, mesmo nos momentos mais desafiadores, tu estás ao meu lado, renovando minha força e meu ânimo para seguir em frente.

19ª Madrugada

Vigiar e orar: protegendo a alma durante a noite

Jesus nos ensinou a vigiar e orar como forma de proteção contra tentações e ataques espirituais. A madrugada é um momento oportuno para essa prática, pois é quando estamos mais sensíveis à presença de Deus e mais atentos aos desafios espirituais. Vigiar não é apenas estar alerta; é também reconhecer as áreas vulneráveis de nossa vida e submetê-las ao Senhor em oração.

Os discípulos de Jesus aprenderam essa lição da forma mais difícil, no jardim do Getsêmani. Embora ele os tivesse instruído a vigiar e orar, cederam ao sono e não perceberam a gravidade do momento (Mateus 26:40-41). Isso demonstra a importância de manter uma vida de oração constante, especialmente nas horas silenciosas da noite.

Vigiar e orar nos prepara para enfrentar as batalhas diárias. Quando buscamos ao Senhor na madrugada, fortalecemos nosso espírito e renovamos nossa mente, tornando-nos mais resistentes às tentações. A oração nos mantém firmes e alinhados à vontade de Deus, capacitando-nos a discernir e superar as ciladas do inimigo.

Além disso, essa prática nos protege contra o desânimo e a fadiga espiritual. Ao orar, somos renovados na presença de Deus e fortalecidos para continuar em nosso caminho. Cada momento de vigília na madrugada é uma oportunidade de crescer em fé e confiança no Senhor.

Por isso, adote o hábito de vigiar e orar durante a madrugada. Peça ao Senhor que fortaleça seu espírito e o capacite a vencer as tentações. Dessa forma, você estará preparado para enfrentar cada desafio com a certeza de que Deus está ao seu lado.

Oração em clamor

Senhor, diante da escuridão que envolve as horas da madrugada, eu me coloco em tua presença, reconhecendo minha total dependência de ti para resistir às tentações e superar os desafios espirituais. Que minha vigilância e oração sejam constantes, não apenas um ato de disciplina, mas uma entrega sincera da minha vida ao teu cuidado. Ensina-me, como ensinaste aos teus discípulos, a não sucumbir ao cansaço e à distração, mas a manter meu coração e minha mente voltados a ti, atentos às armadilhas que poderiam me afastar de tua vontade.

Fortalece-me para que, em cada momento de vigília, eu possa discernir com clareza as áreas vulneráveis de minha vida e submetê-las ao teu senhorio. Quando o sono e o desânimo ameaçarem enfraquecer meu espírito, lembra-me de que tua presença me renova e que, ao vigiar e orar, estou em comunhão contigo, sendo sustentado e capacitado por tua graça. Que o meu espírito se alinhe completamente à tua vontade, e que, nas horas silenciosas da noite, eu possa ouvir tua voz e sentir tua direção.

Concede-me, Senhor, a força necessária para resistir às tentações e a perseverança para prosseguir em meu caminho com confiança. Renova em mim uma fé que não vacila, uma esperança que não esmorece e uma determinação que se firma em tua palavra. Que, ao buscar-te na madrugada, eu encontre consolo e segurança, sabendo que tua presença é meu refúgio e minha força. Amém.

20ª Madrugada

Conectando-se à paz de Cristo no silêncio da madrugada

"Deixo-vos a paz, a minha paz vos dou; não vo-la dou como o mundo a dá." (João 14:27)

A paz que Cristo oferece é singular, distinta da paz que o mundo pode proporcionar. É uma paz que transcende as circunstâncias e preenche o coração, mesmo nos momentos mais difíceis. A madrugada, com seu silêncio e calmaria, torna-se um tempo propício para nos conectarmos a essa paz, renovando nossa alma na presença do Senhor.

Jesus prometeu que deixaria sua paz conosco, e essa paz está acessível para aqueles que a buscam em oração. Ao dedicarmo-nos à oração nas horas silenciosas da noite, entregamos ao Senhor nossas ansiedades e preocupações, permitindo que sua paz governe nosso coração e mente.

Esse silêncio noturno torna-se um refúgio para a alma. Quando tudo ao redor se aquieta, podemos ouvir a voz suave de Cristo chamando-nos ao descanso nele. Cada oração feita na madrugada é um mergulho na fonte da paz, renovando nossas forças e preparando-nos para enfrentar os desafios do novo dia.

Além disso, a paz de Cristo nos habilita a enfrentar as tempestades da vida com serenidade. Mesmo quando o caos nos cerca, sabemos que estamos firmes na Rocha eterna. Orar na madrugada é lembrar que, independentemente das circunstâncias, Jesus está conosco e nos oferece uma paz que nada pode tirar.

Por isso, faça da madrugada um tempo para buscar essa paz. Entregue ao Senhor seus medos e ansiedades e permita que ele renove seu coração. A cada oração, você sentirá a paz de Cristo invadir sua alma, trazendo descanso e esperança para o novo dia que amanhece.

Oração em clamor

Senhor, no silêncio da madrugada, eu me achego a ti em busca da paz que somente Cristo pode conceder, uma paz que não depende das circunstâncias ao meu redor, mas que preenche cada parte do meu ser. Como prometeste, tua paz é diferente de qualquer tranquilidade que o mundo possa oferecer, pois ela acalma meu espírito e sustenta minha alma. Neste momento de quietude, entrego-te todas as preocupações e ansiedades que pesam em meu coração, confiando que, ao lançá-las sobre ti, encontrarei descanso e serenidade.

Peço-te, Senhor, que tua paz invada minha mente e reine em meu coração, dissipando todo medo e inquietação. Que neste instante de oração, eu possa ouvir tua voz suave e sentir tua presença ao meu lado, lembrando-me de que, mesmo em meio ao caos, tua paz me envolve como um escudo. Ajuda-me a compreender que, ao me entregar a ti, encontro um refúgio seguro, onde o cansaço é renovado e a esperança é restaurada.

Que cada oração feita nesta madrugada seja um ato de confiança em tua fidelidade, uma declaração de que minha segurança está firmada em ti. Permite que, ao nascer de um novo dia, eu esteja fortalecido para enfrentar cada desafio com calma e equilíbrio, sabendo que tua paz me sustenta. Que tua paz, Senhor, seja meu alicerce e minha força, para que, independente do que vier, eu possa permanecer firme e inabalável em ti. Amém.

21ª Madrugada

Jacó: lutando com Deus até o amanhecer

"Então disse: Não te deixarei ir, se me não abençoares." (Gênesis 32:26)

A história de Jacó demonstra como a oração pode configurar-se em uma intensa batalha espiritual. Durante a noite, às margens do rio Jaboque, Jacó lutou com um anjo até o amanhecer, insistindo em não desistir sem receber uma bênção. Essa passagem ilustra que momentos de luta noturna podem tornar-se oportunidades de transformação e redefinição de destino.

Lutar com Deus na oração significa perseverar, mesmo quando não se obtêm respostas imediatas. Jacó estava prestes a encontrar-se com seu irmão Esaú, carregando medo e incerteza. Assim como ele, muitas vezes levamos preocupações pela madrugada e precisamos buscar a Deus com fervor, persistindo até que ele nos responda.

A oração perseverante transforma não apenas as circunstâncias, mas também quem ora. Jacó não recebeu apenas uma bênção; ele teve seu nome e sua identidade alterados. De enganador, passou a ser chamado Israel, que significa "aquele que luta com Deus". Da mesma forma, a oração noturna pode nos transformar, alinhando-nos ao propósito divino.

A batalha espiritual durante a noite demanda sacrifício, mas traz recompensas. Cada minuto de oração é um passo de fé que aproxima o orante da bênção de Deus. Mesmo que as respostas tardem, permaneça em busca. Deus honra a perseverança e se revela de maneira singular àqueles que o buscam com determinação.

Assim, como Jacó, não desista no meio de sua batalha. Persevere em oração, buscando direção, paz e transformação. Ao amanhecer, perceberá que Deus não apenas ouviu sua oração, mas também moldou seu coração, concedendo-lhe uma nova perspectiva e renovada esperança.

Oração em clamor

Senhor Deus, hoje nos colocamos diante de ti com a mesma determinação de Jacó, buscando a tua presença em meio às nossas lutas e incertezas. Estamos conscientes de que, como Jacó, também enfrentamos noites escuras, carregadas de temores e de questões sem respostas. Clamamos, ó Deus, para que nossa oração seja como aquela batalha às margens do Jaboque, uma busca incessante até que possamos experimentar tua bênção. Não queremos apenas ser atendidos em nossos pedidos; ansiamos que, ao amanhecer, possamos enxergar as mudanças que tua presença opera em nós.

Fortalece-nos para que não desistamos diante do silêncio ou da demora, mas que, em cada minuto de oração, possamos dar um passo mais próximo de ti. Que essa perseverança nos leve a um encontro transformador, capaz de moldar nosso caráter e redefinir nossa identidade, como fizeste com Jacó. Ele, que era enganador, passou a ser chamado de Israel, um nome que testemunha a intensidade e o valor da luta com o Senhor. Que também nós possamos receber um novo sentido, uma visão renovada e uma esperança que ilumine nosso caminho.

Dá-nos, ó Pai, a confiança necessária para persistirmos na oração, mesmo quando o céu parece fechado. Que a certeza da tua fidelidade nos sustente e nos leve a permanecer diante de ti, crendo que tua resposta virá no tempo certo e que, até lá, tu estarás moldando nosso coração para receber a bênção que tens reservada. Que cada busca e cada clamor nos façam crescer em tua presença, de modo que possamos, ao fim, testemunhar que fomos transformados e fortalecidos pela tua graça.

22ª Madrugada

Samuel: ouvindo a voz de Deus na infância

"Então o Senhor chamou Samuel. Samuel respondeu: 'Eis-me aqui'." (1 Samuel 3:4)

A narrativa do chamado de Samuel é um exemplo de como Deus se comunica conosco, especialmente nas horas noturnas. Ainda criança, Samuel ouviu a voz de Deus pela primeira vez enquanto dormia no templo. Sua prontidão em responder destaca a importância de estarmos atentos ao que o Senhor deseja nos revelar, sobretudo na quietude da noite.

A noite é um momento favorável para escutar a voz de Deus, pois as distrações do dia se dissipam, permitindo que o coração se concentre na presença divina. Assim como Samuel ouviu o chamado no silêncio, também podemos perceber o que Deus quer nos comunicar na madrugada, desde que estejamos atentos.

Responder à voz de Deus exige disposição e obediência. Muitas vezes, ele nos chama para orar ou interceder por alguém nas primeiras horas do dia. Pode ser um versículo que ele traz ao coração ou uma orientação específica para nossa vida. A madrugada é um tempo valioso para desenvolver essa sensibilidade espiritual e seguir a voz do Senhor.

Além disso, a história de Samuel nos lembra que Deus não faz distinção de pessoas ou idades. Ele fala tanto com crianças quanto com adultos e deseja relacionar-se com cada um de maneira pessoal. Ao buscarmos a Deus na madrugada, encontramos um espaço onde ele pode nos ensinar e orientar, assim como fez com Samuel.

Portanto, reserve um tempo na madrugada para ouvir a voz de Deus. Apresente-se diante dele com um coração aberto e disposto a obedecer. Assim como Samuel, você pode experimentar o privilégio de ouvir o chamado do Senhor e ser guiado a cada passo.

Oração em clamor

Senhor Deus, venho diante de ti, inspirando-me na experiência de Samuel, que, em sua inocência, ouviu tua voz e prontamente respondeu com um coração disposto a obedecer. Coloco-me diante de ti, desejando também reconhecer tua presença e ouvir o que tens a me dizer nas horas silenciosas da madrugada. Que minha mente, como a de Samuel, esteja atenta ao teu chamado, especialmente quando as distrações do dia se afastam e tua voz se torna clara para aqueles que te buscam.

Ensina-me, Senhor, a perceber tua direção mesmo quando ela vem de forma sutil e inesperada. Ajuda-me a ser receptivo à tua orientação, seja por meio de um versículo que brota no meu coração, seja pelo impulso de orar e interceder por aqueles que necessitam de tua graça. Que eu compreenda que a madrugada é um momento especial em que posso me achegar a ti, sem reservas, para ser moldado pela tua presença e sensível ao teu querer.

Assim como chamaste Samuel desde a infância, fala também comigo, sem distinção de idade ou condição, pois sei que desejas uma relação íntima com cada um de nós. Que eu esteja disposto a abrir meu coração para ouvir e, mais que isso, para obedecer aos teus desígnios com humildade e prontidão. Que cada chamado teu seja acolhido em minha vida com a mesma devoção e simplicidade com que Samuel respondeu "Eis-me aqui".

Senhor, guia meus passos, que eu possa ouvir tua voz e ser conduzido por ela. Na quietude da madrugada, anseio por tua presença, buscando discernir teu propósito e deixar que tu conduzas meu coração a ti, como fizeste com Samuel.

23ª Madrugada

Daniel: orando em meio à perseguição

"Quando soube que o decreto tinha sido publicado, Daniel foi para casa, para o seu quarto, no andar de cima, onde as janelas davam para Jerusalém, e três vezes por dia ele se ajoelhava e orava, agradecendo ao seu Deus, como costumava fazer." (Daniel 6:10)

A história de Daniel nos ensina a importância da fidelidade na oração, mesmo em meio à perseguição. Ele orava regularmente, sem se deixar intimidar por ameaças. Mesmo diante de um decreto que proibia a oração, Daniel manteve sua rotina de buscar a Deus, sabendo que a presença do Senhor era essencial para sua vida.

Orar nas horas silenciosas, especialmente na madrugada, é um ato de resistência espiritual. Assim como Daniel, enfrentamos desafios que tentam nos afastar de Deus. A oração constante é a nossa resposta, fortalecendo-nos para resistir às pressões do mundo e mantendo-nos conectados com o Pai.

Daniel é um exemplo de que a oração nos fortalece para enfrentar crises. Mesmo quando foi lançado na cova dos leões, ele permaneceu confiante de que Deus estava com ele. A oração na madrugada é um refúgio onde encontramos forças para vencer nossas batalhas e confiar que o Senhor está agindo, mesmo quando tudo parece difícil.

Além disso, a oração de Daniel foi um testemunho significativo. Sua fidelidade inspirou outros e demonstrou que o poder de Deus é maior do que qualquer ameaça. Da mesma forma, quando nos comprometemos a orar de madrugada, testemunhamos a importância da comunhão com Deus e inspiramos aqueles ao nosso redor a fazer o mesmo.

Portanto, siga o exemplo de Daniel. Seja constante na oração, especialmente nas horas silenciosas da madrugada. Confie que Deus ouvirá e responderá suas orações, fortalecendo você para vencer cada desafio e manifestar a glória de Deus em todas as circunstâncias.

Oração em clamor

Senhor, venho a ti inspirado pelo exemplo de Daniel, que, em meio à perseguição, se manteve fiel e constante na oração. Assim como ele, busco fortalecer-me na tua presença, mesmo diante das pressões que tentam distanciar-me de ti. Ensina-me, ó Deus, a resistir e perseverar em oração, especialmente nos momentos em que o silêncio da madrugada revela as inquietações do coração. Que minha oração seja, como a de Daniel, uma expressão de fidelidade e confiança em teu poder, capaz de superar qualquer ameaça que possa me cercar.

Pai, nos momentos em que as circunstâncias me desafiam e tentam silenciar minha fé, conceda-me a coragem de dobrar os joelhos e clamar a ti, sabendo que tu estás atento a cada palavra e a cada súplica. Que a constância na oração seja meu refúgio e minha fonte de força, um lugar seguro onde posso entregar todas as preocupações e angústias. Assim como Daniel, desejo viver em uma intimidade contigo que inspire outros a buscar-te, a ver que, mesmo em meio a desafios, há poder e esperança em tua presença.

Senhor, diante das batalhas que surgem, fortaleça meu espírito para que eu não esmoreça. Que eu saiba, como Daniel, que és capaz de me guardar e de agir em meu favor, mesmo quando a situação parece difícil e o caminho escuro. Em cada madrugada, que minhas orações subam a ti como testemunho da minha confiança em tua fidelidade e grandeza. Usa a minha vida, Pai, para que outros vejam que, ao buscarmos a tua face com sinceridade, encontramos forças para enfrentar os desafios, certos de que tu estás comigo, hoje e sempre. Amém.

24ª Madrugada

Jesus no Getsêmani: o clamor antes da cruz

"E, indo um pouco mais adiante, prostrou-se sobre o seu rosto, orando e dizendo: Meu Pai, se é possível, passe de mim este cálice; todavia, não seja como eu quero, mas como tu queres." (Mateus 26:39)

A oração de Jesus no Getsêmani constitui um dos momentos mais intensos e emocionantes de toda a Escritura. Nas horas mais sombrias, antes de enfrentar a cruz, Jesus se retirou para orar, levando seu sofrimento e angústia ao Pai. Essa cena evidencia como a oração, especialmente em momentos de dificuldades e solidão, nos prepara para cumprir o propósito de Deus em nossa vida.

Jesus estava profundamente angustiado, a ponto de sua alma estar "triste até à morte" (Mateus 26:38). No entanto, em vez de se afastar de Deus, Ele se aproximou em oração. O exemplo de Cristo nos ensina que, em períodos de sofrimento e incerteza, a resposta mais acertada é buscar a presença do Pai e submeter nossa vontade a ele.

A oração no Getsêmani também revela que nem sempre receberemos a resposta que esperamos. Jesus pediu que o cálice de sofrimento fosse afastado, mas, acima de tudo, submeteu-se à vontade do Pai. Esse ensinamento nos orienta a orar com fé e submissão, confiando que Deus conhece o que é melhor, mesmo quando não compreendemos seus caminhos.

Assim como Jesus foi fortalecido por meio da oração, também encontramos renovação nas madrugadas de busca sincera. Nesses momentos de intimidade, recebemos forças para enfrentar os desafios e realizar nosso chamado. A presença de Deus nos sustenta e capacita a avançar, mesmo nas circunstâncias mais adversas.

Portanto, faça do Getsêmani uma inspiração para sua vida de oração. Nas madrugadas, apresente suas dores e medos ao Senhor, permitindo que ele renove seu espírito. Assim como Jesus foi consolado e fortalecido, você também será sustentado pelo Pai para enfrentar cada desafio com fé e coragem.

Oração em clamor

Pai Celestial, nos aproximamos de ti, inspirados pelo exemplo de Jesus no Getsêmani, onde, em agonia profunda, ele se rendeu ao teu querer, mesmo diante do peso da cruz que se aproximava. Assim como ele prostrou-se, clamando por força e direção, nós também nos achegamos, trazendo nossas angústias e desafios aos teus pés. Que, em meio às tribulações, possamos, assim como Cristo, ter a coragem de declarar: "não seja como eu quero, mas como tu queres."

Senhor, sabemos que em momentos de sofrimento e incerteza, a tendência humana é recuar ou buscar soluções imediatas; mas, tal como teu Filho nos ensinou, queremos aprender a nos refugiar em tua presença e nos render ao teu plano, mesmo quando ele nos parece incompreensível. Renova em nós a fé e a paciência, para que, ao invés de nos afastarmos de ti, nos aproximemos ainda mais, confiando que tua sabedoria excede nossa compreensão.

Em nossa busca, ensina-nos a ser fortalecidos, como Jesus foi, para enfrentar cada desafio que surge. Que tua presença nos sustente, revigore e nos torne firmes em nossa caminhada, pois sabemos que só em ti encontramos a verdadeira força para avançar. Senhor, nos momentos mais escuros da madrugada, quando o peso da vida parece insuportável, ajuda-nos a recordar o Getsêmani de Jesus e a buscar em ti a renovação para prosseguir.

Que, à semelhança de Cristo, possamos sair dessas orações mais corajosos, sustentados por teu amor, prontos para enfrentar os obstáculos que se interpõem em nosso caminho.

25ª Madrugada

Pedro e João: libertação por meio da oração noturna

"Mas durante a noite, um anjo do Senhor abriu as portas da prisão e, tirando-os para fora, disse: Ide, apresentai-vos no templo e falai ao povo todas as palavras desta vida." (Atos 5:19-20)

Pedro e João ilustram como Deus age poderosamente por meio da oração e intervenção durante a noite. Após serem presos por pregarem o evangelho, Deus enviou um anjo de madrugada para libertá-los e instruí-los a continuar sua obra. Esse episódio mostra que as orações noturnas são momentos de libertação e orientação divina.

Ao orarmos na madrugada, colocamo-nos à disposição da ação de Deus. Assim como ele enviou um anjo para abrir as portas da prisão, o Senhor também pode abrir portas em nossa vida e nos conduzir no caminho que ele deseja que sigamos. As respostas e libertações muitas vezes chegam na quietude da noite.

Além de um tempo de libertação, a oração madrugadora também é um tempo de renovação da missão. O anjo não apenas libertou Pedro e João, mas os enviou de volta à missão que Deus havia confiado a eles. De forma semelhante, Deus usa nossas orações para reafirmar nosso chamado e nos encorajar a continuar pregando e vivendo o evangelho.

A libertação nem sempre é física, mas também emocional e espiritual. Durante a noite, Deus nos liberta de medos, preocupações e dúvidas que nos aprisionam. A oração feita de madrugada é um meio de encontrar essa liberdade e descansar na certeza de que Deus cuida de cada detalhe de nossa vida.

Portanto, ao orar na madrugada, recorde-se do exemplo de Pedro e João. Peça a Deus que abra as portas que precisam ser abertas em sua vida e que renove seu coração para cumprir a missão que Ele lhe confiou. A cada oração, você experimentará a liberdade e a orientação que só a presença de Deus pode proporcionar.

Oração em clamor

Senhor, diante de ti, na quietude da madrugada, venho clamar pela tua intervenção em minha vida. Assim como enviaste teu anjo para libertar Pedro e João da prisão, peço que venhas em meu auxílio, abrindo as portas que se encontram fechadas, quebrando as correntes invisíveis que me impedem de prosseguir. Que o silêncio da noite se torne o espaço em que tua voz me conduz, trazendo respostas e paz ao meu espírito inquieto. Sei que és o Deus que não dorme e que cuida de cada detalhe da nossa caminhada, por isso, rendo-me em confiança, crendo que tua mão poderosa pode transformar as circunstâncias ao meu redor.

Concede-me, Senhor, um coração renovado para cumprir a tua vontade. Assim como o anjo instruiu Pedro e João a retornarem ao templo e proclamarem a tua palavra, que eu também seja encorajado a viver o chamado que tu colocaste em minha vida. Que esta oração seja um compromisso renovado com teu propósito, uma entrega verdadeira a tua missão. Liberta-me dos medos e dúvidas que tantas vezes me aprisionam, trazendo a clareza que preciso para avançar e a força para enfrentar os desafios que surgirem.

No silêncio deste momento, deposito aos teus pés todas as preocupações que carreguei durante o dia. Que as angústias e as incertezas sejam substituídas pela certeza de que tu és o Senhor que abre portas e ilumina o caminho. Ao finalizar esta oração, que eu possa descansar em tua presença, sabendo que, assim como libertaste teus servos no passado, também me sustentas e guias nos dias de hoje. Amém.

26ª Madrugada

Paulo e Silas: louvor que abre prisões

"Por volta da meia-noite, Paulo e Silas estavam orando e cantando hinos a Deus, e os outros presos os escutavam." (Atos 16:25)

Paulo e Silas vivenciaram um milagre poderoso na prisão, em plena meia-noite. Presos injustamente, eles não permitiram que as circunstâncias apagassem sua fé. Em vez disso, escolheram orar e louvar a Deus, e o resultado foi um terremoto que abriu todas as portas da prisão e quebrou as cadeias dos presos.

Esse relato ensina que a oração e o louvor nas madrugadas têm poder para transformar situações aparentemente impossíveis. Ao escolhermos adorar a Deus, mesmo em meio à dor, declaramos nossa confiança em seu poder e soberania. E, como aconteceu com Paulo e Silas, Deus responde de maneira surpreendente.

O louvor em meio às dificuldades é uma expressão genuína de fé. Não aguardamos a solução para louvar; louvamos porque sabemos que Deus é bom e digno, independentemente das circunstâncias. A madrugada torna-se, então, um altar de adoração e um espaço em que experimentamos a liberdade espiritual que vem da presença de Deus.

Além de libertar Paulo e Silas, Deus usou aquele momento para tocar as vidas ao redor deles. Os outros presos ouviram e testemunharam o milagre, e até o carcereiro e sua família foram salvos. Da mesma forma, nossas orações e louvores nas madrugadas têm o potencial de impactar outras vidas ao nosso redor.

Por isso, nas noites mais difíceis, siga o exemplo de Paulo e Silas. Ore e louve ao Senhor, confiando que ele está no controle. Cada louvor é um passo em direção à liberdade, e cada oração é uma semente de esperança. Deus é fiel para agir e transformar sua noite em um amanhecer repleto de bênçãos.

Oração em clamor

Senhor Todo-Poderoso, venho diante de ti nesta madrugada, inspirando-me no exemplo de Paulo e Silas, que, mesmo encarcerados, elevaram a voz em oração e louvor. Assim como eles, quero louvar-te em meio às minhas próprias lutas e adversidades, acreditando que, ao clamar a ti, as cadeias que me prendem serão rompidas, e os muros de aflição que me cercam serão destruídos. Que meu louvor suba como incenso suave diante de ti, expressando minha confiança em tua soberania, mesmo quando as circunstâncias ao meu redor parecem insuportáveis. Fortalece meu espírito para que, nos momentos mais escuros, eu me apegue à certeza de tua presença, que traz alívio e paz incomparáveis.

Que esta oração toque não apenas meu coração, mas alcance aqueles que, como os outros presos, escutam meu clamor e anseiam por tua libertação. Transforma minhas dores em um testemunho vivo de tua misericórdia, alcançando todos que convivem comigo. Que meu louvor seja uma declaração de fé que transcenda qualquer barreira, revelando aos outros tua bondade e poder. Ensina-me, Senhor, a render-te adoração sem esperar que todas as respostas estejam visíveis, sabendo que tu és digno em qualquer circunstância e que, ao colocar minha esperança em ti, encontro renovação e vigor.

Concede-me a graça de seguir louvando, crendo que cada palavra de gratidão é uma semente lançada na eternidade, e que, ao amanhecer, verei os frutos de tua fidelidade manifestos em minha vida. Que eu possa, assim como Paulo e Silas, experimentar uma libertação que vai além daquilo que é visível, alcançando a dimensão espiritual e influenciando vidas ao meu redor. Ajuda-me a permanecer firme em ti, Senhor, aguardando pacientemente o romper do novo dia, cheio de tua paz e bênçãos.

27ª Madrugada

José: sonhos que transformam destinos

"E José lembrou-se dos sonhos que tivera a respeito deles..." (Gênesis 42:9)

A história de José é um testemunho poderoso sobre como Deus usa sonhos para moldar destinos. Desde jovem, José recebeu sonhos que indicavam que ele ocuparia uma posição de destaque e que sua família se inclinaria diante dele. No entanto, antes de ver esses sonhos se cumprirem, ele enfrentou rejeição, escravidão e prisão. Mesmo assim, José permaneceu fiel, consciente de que Deus estava no controle.

Os sonhos de José não foram apenas revelações sobre seu futuro; foram também um meio de preparar seu coração para as lutas que enfrentaria. Da mesma forma, Deus muitas vezes nos dá vislumbres de nosso propósito durante a noite, preparando-nos para o que está por vir. Orar sobre esses sonhos nas madrugadas é uma maneira de buscar entendimento e alinhamento com a vontade divina.

A trajetória de José nos mostra que, mesmo quando tudo parece contrário, os planos de Deus nunca falham. Cada etapa de sua caminhada, por mais difícil que fosse, o conduzia ao propósito que Deus havia estabelecido desde o início. A oração na madrugada nos ajuda a manter essa perspectiva, renovando nossa confiança de que Deus está sempre agindo, mesmo quando não entendemos.

Além disso, os sonhos que Deus nos concede muitas vezes envolvem abençoar outras pessoas. José não foi exaltado apenas para si mesmo, mas para salvar sua família e uma nação inteira da fome. Assim, quando buscamos a Deus em oração, pedimos que ele nos prepare para cumprir nosso chamado e impactar as vidas ao nosso redor.

Portanto, não desista dos sonhos que Deus colocou em seu coração. Use a madrugada para orar sobre eles, pedindo direção e paciência. Assim como José viu seus sonhos se realizarem no tempo certo, você também verá o cumprimento das promessas de Deus em sua vida.

Oração em clamor

Senhor Deus, nesta noite, clamamos pela revelação dos teus propósitos e pela compreensão dos sonhos que plantaste em nossos corações. Assim como José, que teve sua vida direcionada por visões que se concretizaram no tempo certo, queremos submeter nossos anseios e esperanças à tua vontade. Sabemos que José enfrentou momentos de solidão, rejeição e aprisionamento, mas, em meio às adversidades, ele se manteve firme, confiando no Senhor e na certeza de que, mesmo nas trevas, tu estavas presente.

Pai, capacita-nos a compreender que, muitas vezes, o cumprimento das promessas passa por caminhos difíceis. Dá-nos a fé e a paciência para seguir adiante, confiando no processo e na preparação que o Senhor realiza em nosso interior. Que possamos enxergar, ainda que vagamente, a finalidade de cada prova, mantendo em mente que cada desafio nos aproxima do propósito estabelecido pelo Senhor. Nos momentos de vigília, em que buscamos a tua face e apresentamos nossos sonhos diante de ti, concede-nos clareza para percebermos o teu mover.

Que nossos sonhos, como os de José, não sejam apenas para benefício próprio, mas que estejam alinhados ao teu propósito maior, servindo para abençoar vidas e transformar realidades. Que o Senhor nos dê a capacidade de esperar o tempo certo e de trabalhar com diligência para que, quando o momento chegar, possamos cumprir nosso papel com sabedoria e amor, refletindo o teu caráter. Renova nossa confiança e fortalece nosso espírito, para que, mesmo em meio à incerteza, possamos declarar que tua vontade prevalecerá. Em nome de Jesus, amém.

28ª Madrugada

Ana: o clamor por um milagre no silêncio

"Então Ana se levantou... e com amargura de alma orou ao Senhor e chorou muito." (1 Samuel 1:9-10)

A história de Ana nos ensina sobre o poder do clamor sincero e perseverante. Estéril e profundamente aflita, ela decidiu buscar a Deus de todo o coração. Seu clamor foi tão intenso que o sacerdote Eli pensou que ela estivesse embriagada. No entanto, Ana não desistiu. Ela levou sua dor e desejo diante do Senhor, e Deus ouviu sua oração, concedendo-lhe um filho, Samuel.

O exemplo de Ana nos encoraja a não desistir de clamar, mesmo quando tudo parece impossível. A oração feita nas madrugadas, em momentos silenciosos e pessoais, é uma expressão profunda de fé. Às vezes, como Ana, precisamos derramar nossa alma diante de Deus, entregando a ele tudo o que está no nosso coração.

A madrugada é um tempo especial para esse tipo de oração. Longe dos olhares dos outros e das distrações do dia, temos liberdade para expressar nossas emoções diante do Senhor. Cada lágrima derramada em oração é preciosa para Deus e um passo em direção ao milagre que esperamos.

Além disso, a oração perseverante nos transforma. Antes mesmo de receber o milagre, Ana encontrou paz, pois depositou sua confiança em Deus. Da mesma forma, quando oramos de madrugada, somos renovados e fortalecidos pela presença do Senhor, mesmo que as circunstâncias ainda não tenham mudado.

Portanto, siga o exemplo de Ana. Use a madrugada para clamar ao Senhor por aquilo que está em seu coração. Confie que ele ouve cada palavra e que, no tempo certo, a resposta virá. O Deus que atendeu ao clamor de Ana é o mesmo que ouve sua oração hoje.

Oração em clamor

Senhor Deus, venho diante de ti com um coração sincero e necessitado, assim como Ana clamou com intensidade e perseverança em meio ao silêncio e à escuridão. Sei que tu conheces cada desejo oculto, cada lágrima que derramamos quando ninguém mais vê. Nos momentos de dor, de incertezas e de sonhos que parecem impossíveis, elevo minha voz a ti, confiando que ouves cada sussurro de minha alma.

Assim como Ana, que enfrentou a dor da esterilidade e derramou seu coração aos teus pés, eu também me apresento com tudo o que tenho e sou. Que meu clamor seja tão profundo quanto o dela, que se entregou sem reservas, com lágrimas que expressavam o que as palavras não conseguiam dizer. Recebe, Senhor, cada sentimento que guardo em meu coração; acolhe cada lágrima, pois confio que para ti elas têm um valor que o mundo jamais entenderá.

Senhor, fortalece-me enquanto espero, pois, mesmo antes de qualquer resposta visível, anseio pela paz que vem de ti. Que, como Ana, eu possa encontrar repouso em tua presença, sabendo que entreguei tudo em tuas mãos. Que cada madrugada seja uma oportunidade de renovação e que, ao me lançar diante de ti, eu me sinta mais próximo de tua vontade, mais fortalecido para enfrentar o que vier.

Ó Deus, assim como respondeste ao clamor de Ana, peço que estendas tua mão sobre mim e que, no tempo certo, revele o que tens preparado. Que eu possa aprender a descansar em tua sabedoria e a confiar em tua fidelidade, pois creio que o mesmo Deus que ouviu Ana ainda ouve os que clamam sinceramente. Recebe minha oração e transforma meu coração conforme tua vontade, enquanto aguardo a resposta que virá de ti. Amém.

29ª Madrugada

Davi: Cânticos na Noite para uma Alma Aflita

"De dia, porém, o Senhor me concede a sua misericórdia, e de noite está comigo o seu cântico: uma oração ao Deus da minha vida." (Salmos 42:8)

Davi foi um homem que soube transformar seus momentos de aflição em louvor. Nos Salmos, observamos Davi cantando ao Senhor mesmo em meio a circunstâncias adversas. Ele enfrentou perseguições, traições e episódios de desespero, mas escolheu elevar cânticos e orações ao Senhor, especialmente durante a noite.

O louvor noturno representa um ato de fé que nos relembra da fidelidade de Deus. Cantar ao Senhor nas horas de silêncio é declarar que, apesar das adversidades, ele continua sendo digno de toda adoração. Davi encontrou refúgio e força na presença de Deus, e seus cânticos noturnos renovaram sua esperança e confiança no Senhor.

Além de constituir uma expressão pessoal de fé, o louvor possui poder espiritual. Assim como o cântico de Paulo e Silas na prisão trouxe libertação, nossos louvores noturnos podem quebrar barreiras e abrir portas. O louvor transforma o ambiente, trazendo paz e a presença de Deus para o nosso coração e nosso lar.

A madrugada é um momento especial para adorar ao Senhor com sinceridade e gratidão. Mesmo que nossa alma esteja aflita, o louvor nos conecta ao amor e à misericórdia de Deus. Cada cântico se torna uma oração que sobe ao trono do Pai e nos enche de esperança para o novo dia.

Portanto, faça como Davi e eleve cânticos ao Senhor durante a noite. Adore a Deus não apenas pelo que ele realiza, mas pelo que ele é. O louvor na madrugada constitui uma poderosa arma que traz paz, renova a fé e abre caminho para a manifestação do poder de Deus em sua vida.

Oração em clamor

Senhor, venho a ti com um coração aflito, mas desejoso de repousar em tua presença. Assim como Davi elevou cânticos a ti nas noites mais sombrias, escolho agora confiar e buscar teu consolo. Clamo para que tua misericórdia se manifeste durante o dia e que, ao anoitecer, tua canção me envolva como um refúgio seguro. Em meio às dificuldades e aos desafios, permite que minha alma encontre descanso em tua fidelidade e paz na certeza de que tu és comigo, mesmo quando tudo ao redor parece incerto.

Que meu louvor noturno seja sincero e pleno, expressando o reconhecimento de quem tu és, acima de qualquer circunstância. Transforma minhas palavras e meus pensamentos em cânticos que ecoam diante de ti, como uma oferta de adoração que não depende de minhas emoções ou do ambiente, mas apenas da tua grandeza e do amor que tenho por ti. Tuas promessas são eternas, Senhor, e eu confio que tu ouves minha oração, acolhendo meu clamor e renovando minhas forças a cada amanhecer.

Senhor, assim como Paulo e Silas experimentaram a liberdade enquanto louvavam, peço-te que libertes minha mente e meu espírito de todo peso e ansiedade que me cercam. Que o louvor que brota dos meus lábios mude o ambiente ao meu redor, trazendo tua presença e enchendo minha casa de paz e serenidade. Reveste-me com tua graça, e que o cântico que entoo a ti de noite suba como um perfume agradável ao teu trono.

Que o louvor em meio à madrugada não seja apenas palavras, mas um ato de fé viva, conectando-me a ti e permitindo que tua misericórdia envolva minha vida. Senhor, como Davi, que eu possa te adorar não apenas pelo que fazes, mas pelo que és, lembrando-me de que em tua presença encontro força, e que em ti reside minha esperança e meu descanso eternos.

30ª Madrugada

Elias: enfrentando a escuridão com oração e fogo

"Então Elias orou: Senhor, Deus de Abraão, de Isaque e de Israel, que hoje se saiba que tu és Deus em Israel e que eu sou teu servo." (1 Reis 18:36)

Elias foi um profeta que enfrentou períodos de escuridão e desafios, mas sempre recorreu à oração para buscar orientação e força. No Monte Carmelo, ele orou para que o fogo do céu descesse, e Deus respondeu com um milagre evidente, demonstrando sua soberania diante de todo o povo. Esse episódio ensina que a oração fervorosa e perseverante é capaz de trazer a manifestação do poder de Deus.

A oração na madrugada representa um momento propício para clamar pelo fogo de Deus em nossas vidas. Assim como Elias enfrentou os falsos profetas, lidamos com batalhas espirituais que exigem coragem e fé. Orar nas horas silenciosas nos fortalece e nos prepara para enfrentar cada desafio com confiança no poder do Senhor.

Além disso, a oração de Elias nos ensina a sermos específicos em nossos pedidos. Ele não orou de forma imprecisa, mas pediu que Deus se revelasse como o único Senhor. Da mesma forma, devemos apresentar nossas necessidades ao Senhor com clareza e fé, acreditando que ele ouve e responde nossas orações.

Portanto, como Elias, utilize a madrugada para orar com fervor e clamar pelo fogo do Espírito Santo. Peça que Deus renove sua fé, fortaleça seu espírito e manifeste seu poder em sua vida. O Senhor é fiel para responder e demonstrar que ele é Deus, mesmo nas situações mais desafiadoras.

Oração em clamor

Senhor Deus de Abraão, de Isaque e de Israel, nos apresentamos diante de ti, reconhecendo tua soberania e clamando pela tua presença em nossas vidas. Assim como fizeste com Elias no Monte Carmelo, onde teu fogo desceu e demonstrou a tua glória, pedimos que teu Espírito Santo venha sobre nós, renovando nossa fé e fortalecendo nosso espírito para enfrentar cada desafio que surge. Confiamos em teu poder para nos sustentar e guiar, mesmo em tempos de escuridão e provações, quando nossa fé é testada.

Que nossa oração suba a ti como incenso, especialmente nas horas silenciosas da madrugada, quando nosso coração está desperto para clamar com fervor. Assim como Elias foi específico em seu pedido, declarando que tu és o único Senhor, buscamos apresentar-te nossas necessidades e nossos anseios com clareza, sabendo que tu ouves e respondes cada súplica sincera. Dá-nos a coragem que só vem de ti, a coragem de enfrentarmos as batalhas espirituais com confiança no teu poder e na tua fidelidade.

Ó Deus, rogamos que teu fogo desça sobre nós, purificando-nos e nos capacitando a viver de acordo com tua vontade. Que tua presença seja visível em nossas vidas, para que outros vejam e saibam que tu és Deus, Senhor sobre tudo e todos. Concede-nos a força para permanecer firmes, sustentados pela fé em tua promessa e pelo teu amor. Que tua mão poderosa esteja conosco, renovando-nos a cada dia e capacitando-nos para enfrentar qualquer adversidade. Em nome de Jesus, amém.

31ª Madrugada

O Deus que responde de madrugada

"Pela manhã, Senhor, ouves a minha voz; pela manhã te apresento a minha oração e fico esperando." (Salmos 5:3)

A madrugada é um período especial em que Deus ouve e responde às nossas orações. Davi, no Salmo 5, destaca que, ao amanhecer, ele se colocava na presença do Senhor com expectativa. Da mesma forma, ao buscarmos ao Senhor de madrugada, sabemos que ele nos escuta e está pronto para nos responder. Essa prática nos ensina a desenvolver paciência e confiança enquanto aguardamos a resposta divina.

Orar de madrugada é um exercício de fé que nos conecta ao caráter fiel de Deus. Ainda que as respostas não sejam imediatas, temos a certeza de que ele age no tempo certo. A expectativa nas madrugadas não é passiva, mas plena de esperança, pois confiamos que o Senhor trabalha silenciosamente em nosso favor.

Esses momentos de oração também nos ajudam a começar o dia com o coração alinhado à vontade de Deus. Ao colocar nossas preocupações e sonhos diante dele nas primeiras horas, encontramos paz e segurança para enfrentar as tarefas e desafios que surgirão. A resposta pode não vir da forma que esperamos, mas sempre será para o nosso bem.

Além disso, a oração de madrugada é um momento de intimidade, no qual encontramos consolo e sabedoria diretamente do Pai. Cada instante em sua presença nos transforma e nos capacita a confiar mais profundamente em seu agir. Assim como Davi, oramos e esperamos, certos de que Deus se revelará no momento adequado.

Portanto, faça da madrugada um tempo de busca e entrega. Apresente sua oração ao Senhor e espere com confiança, sabendo que ele ouve cada clamor. O Deus que respondeu a Davi é o mesmo que está atento às suas orações e trará as respostas adequadas no tempo oportuno.

Oração em clamor

Senhor, diante da quietude da madrugada, venho a ti em busca de tua presença, pois sei que és o Deus que ouve o clamor de seus filhos antes do romper do dia. Assim como Davi, quero elevar minha voz a ti nas primeiras horas, confiando que escutas cada palavra e sondas cada pensamento. Tu és aquele que não ignora nossos clamores, que ouve nossos sussurros mais profundos, mesmo quando tudo ao redor parece silencioso. Dá-me paciência, Pai, para aguardar tua resposta no tempo que considerares apropriado, pois reconheço que és fiel em tudo o que fazes.

Senhor, que a minha oração nesta madrugada seja como um incenso que se eleva até ti, trazendo minhas ansiedades, anseios e fragilidades. Alinho-me à tua vontade, colocando-te à frente de meus passos, para que meu coração encontre paz e segurança ao longo do dia. Mesmo que tua resposta venha de formas que não espero, ensina-me a compreender que o que concedes sempre é para o meu bem, ainda que não enxergue de imediato o que estás fazendo.

Em momentos de incerteza e fragilidade, quero estar aqui, buscando tua presença, ciente de que este é um tempo especial de comunhão contigo. Ao depositar diante de ti as questões que pesam sobre mim, confio que tu trarás clareza e direção. Cada instante contigo fortalece minha fé, renovando em mim a convicção de que teus planos são maiores e melhores do que qualquer entendimento humano.

Que tua voz, Senhor, guie meus pensamentos, e que tua paz se faça presente. E assim espero, com o coração confiante, pois sei que tu ouves e responderás conforme tua bondade.

32ª Madrugada

Oração e restauração espiritual nas primeiras horas

"Restaura-nos, ó Deus; faze resplandecer o teu rosto, para que sejamos salvos." (Salmos 80:3)

A madrugada é um momento de restauração espiritual. Assim como o corpo se renova durante o sono, a alma também encontra renovação na presença de Deus por meio da oração. Quando buscamos o Senhor nas primeiras horas, recebemos novas forças e somos restaurados para prosseguir em nossa caminhada de fé.

Orar nas horas silenciosas é como mergulhar em um rio de águas vivas que purifica e revigora. Durante o dia, acumulamos preocupações, cansaço e distrações, mas, na madrugada, encontramos espaço para deixar tudo isso diante do Senhor. A presença dele nos cura, renova nossa mente e restaura nosso espírito.

A restauração espiritual também nos prepara para enfrentar novos desafios. Assim como um terreno precisa ser limpo e renovado para produzir frutos, nossas almas precisam da intervenção divina para florescerem. A oração na madrugada é um momento de alinhamento, em que permitimos que Deus retire tudo o que impede nosso crescimento espiritual.

Além disso, a busca pela restauração não é apenas pessoal, mas também coletiva. Podemos interceder pela restauração de nossa família, amigos e igreja. Nas madrugadas, temos a oportunidade de clamar por renovação e transformação, confiando que Deus restaurará tudo o que precisa ser renovado.

Portanto, use a madrugada como um tempo de restauração espiritual. Apresente-se diante do Senhor e peça que ele renove seu coração. A cada oração, você experimentará a graça restauradora de Deus, que fortalece e capacita para um novo começo.

Oração em clamor

Senhor, nesta madrugada, venho diante de ti, clamando pela restauração que apenas tua presença pode conceder. Que, assim como o corpo se renova durante o repouso, a minha alma encontre descanso e novo vigor em ti. Peço que teus olhos misericordiosos se voltem para mim, e que o brilho de teu rosto ilumine as sombras do cansaço e das preocupações acumuladas ao longo do dia. Tua presença é um rio de águas puras que lava e restaura, e desejo, Senhor, ser imerso nesse rio para que minha mente, coração e espírito encontrem renovação.

Ao buscar-te nas primeiras horas, desejo me afastar de tudo o que impede minha comunhão contigo. Que cada pensamento disperso, cada fardo silencioso e cada dor seja colocado aos teus pés, pois sei que em ti encontro cura e paz.

Assim como um terreno preparado para gerar frutos, desejo que minha vida seja limpa de tudo o que bloqueia meu crescimento em tua presença. Que tua mão poderosa retire de mim toda raiz de amargura, toda dúvida e todo medo, preparando meu ser para florescer segundo tua vontade.

Clamo não apenas por minha restauração, mas também pela renovação de minha família, amigos e de todos os que necessitam de ti. Que a tua graça restauradora alcance os corações quebrantados, os lares em conflito e a tua igreja, trazendo avivamento e unidade. Senhor, nesta madrugada, apresento-me em entrega completa, buscando a renovação que me fortalecerá para os dias que virão. Que cada oração, cada suspiro e cada silêncio diante de ti seja resposta e transformação, capacitando-me para um novo começo em tua presença.

33ª Madrugada

Despertar a alma com louvor e gratidão

"Bendize, ó minha alma, ao Senhor, e tudo o que há em mim bendiga o seu santo nome." (Salmos 103:1)

O louvor e a gratidão são formas eficazes de despertar nossa alma para a presença de Deus. Ao começar o dia louvando ao Senhor, alinhamos nosso coração com sua bondade e fidelidade. A madrugada é um momento ideal para expressar gratidão e reconhecer tudo o que Deus tem feito, renovando nossa alma para viver com esperança e alegria.

Louvar na madrugada é um ato de confiança, pois declaramos que Deus é bom, mesmo antes de vermos as bênçãos do novo dia. Assim como Davi convocava sua alma a louvar ao Senhor, também precisamos direcionar nosso coração à adoração, especialmente quando enfrentamos desafios. O louvor transforma nossa perspectiva e abre espaço para que a paz de Deus invada nosso ser.

A gratidão, por sua vez, também é capaz de transformar o ambiente ao nosso redor. Quando começamos o dia com ações de graças, nossos pensamentos se ajustam ao que é bom e agradável aos olhos de Deus, preparando-nos para lidar com as situações do dia de forma mais serena e confiante.

Além disso, o louvor e a gratidão são armas espirituais eficazes. A madrugada é um tempo de batalha espiritual, e a adoração se torna um escudo que protege nossa mente e coração. Cada palavra de louvor é uma declaração de vitória, pois reconhecemos que Deus está no controle de todas as coisas.

Desperte, portanto, sua alma com louvor e gratidão nas madrugadas. Use esse tempo para adorar ao Senhor e agradecer por tudo o que ele já fez. A cada oração, sua alma será renovada, e você estará preparado para viver o novo dia com confiança e alegria.

Oração em clamor

Senhor, em humildade e reverência, venho clamar para que minha alma desperte em louvor e gratidão a ti. Que todas as partes do meu ser te bendigam e se prostrem diante de tua santidade e bondade. Quero te exaltar ao romper da madrugada, reconhecendo que mesmo antes de ver as bênçãos que este dia trará, tu já és digno de toda adoração. Inspira-me, ó Deus, a encontrar na gratidão e no louvor uma forma de estar mais próximo de ti, ajustando meu coração e pensamentos para a tua paz, que excede todo entendimento humano.

Senhor, assim como Davi ordenou que sua alma louvasse teu nome, eu também peço que o meu coração aprenda a se elevar em adoração, sobretudo nas horas de luta e dificuldade. Que minha gratidão seja sincera, transformando meu olhar para que eu veja o bem que já realizaste em minha vida, e não as limitações de minhas circunstâncias. Enche-me de serenidade para enfrentar os desafios que surgirem, pois sei que, ao te louvar, cada palavra se torna um ato de fé que sustenta minha alma.

Pai, reconheço que o louvor na madrugada não é apenas um gesto, mas uma expressão de confiança. Que meu espírito se erga com gratidão por tudo que já fizeste, fortalecendo-me para lidar com os problemas que se apresentarem com confiança. Que minha voz, mesmo que em silêncio, declare a vitória que vem de tua presença. Protege meu coração, Senhor, com a adoração que brota do profundo da alma, tornando-a escudo e fortaleza.

Ao amanhecer, que tua paz reine em meu ser, renovando cada parte de mim e preparando-me para viver este novo dia sob a tua direção e bondade.

34ª Madrugada

Enfrentando medos e ansiedades na noite

"Lançando sobre ele toda a vossa ansiedade, porque ele tem cuidado de vós." (*1 Pedro 5:7*)

A madrugada pode ser um momento em que medos e ansiedades se intensificam. É quando a mente tenta reviver preocupações, dúvidas e inseguranças. Contudo, a oração durante essas horas silenciosas nos permite lançar toda a ansiedade aos pés de Deus e descansar na certeza de que ele cuida de nós. Esse ato de entrega é essencial para encontrar paz e confiança no Senhor.

Jesus nos convida a não carregarmos nossos fardos sozinhos, mas a entregá-los a ele. A oração na madrugada constitui uma prática espiritual que alivia o coração e a mente, substituindo a ansiedade pela paz que excede todo entendimento (Filipenses 4:6-7). Mesmo quando o medo tenta dominar, a presença de Deus nos fortalece e traz serenidade.

Além disso, enfrentar os medos em oração é uma forma de fortalecer nossa fé. Ao confessar nossas inseguranças a Deus, lembramos que ele é maior que qualquer preocupação. Assim como Davi enfrentou seus gigantes com coragem, nós também podemos superar nossas ansiedades, sabendo que o Senhor está ao nosso lado.

Orar de madrugada também nos ensina a depender de Deus diariamente. A cada noite em que apresentamos nossas preocupações a ele, somos renovados em força e confiança. Essa prática nos transforma, ajudando-nos a viver de forma mais leve e tranquila, certos de que Deus está no controle.

Portanto, nas madrugadas em que a ansiedade tenta dominar, busque a presença de Deus. Ore, confie e descanse, sabendo que o Senhor cuida de você. Não há medo ou preocupação que ele não possa acalmar, e cada oração feita na madrugada é um passo em direção à liberdade e à paz.

Oração em clamor

Senhor Deus, ao dobrar meus joelhos nesta madrugada, trago diante de ti todos os medos e ansiedades que insistem em assombrar minha mente e meu coração. Em momentos de silêncio, quando as incertezas parecem aumentar e a solidão se intensifica, venho lançar aos teus pés cada inquietação que me atormenta. Tu, que és o cuidador das minhas aflições, ensina-me a confiar em teu olhar vigilante e amoroso, lembrando-me de que nenhum fardo é pesado demais para ti.

Pai, diante da escuridão, quero aprender a repousar na tua paz que excede todo entendimento. Que tuas promessas sejam como um farol para minha alma em meio à noite. Quando a ansiedade tenta erguer-se, ajuda-me a encontrar descanso em ti, permitindo que tua paz abrace e tranquilize cada pensamento que me atormenta. Que eu aprenda, Senhor, a depender de tua força e serenidade, mesmo quando as circunstâncias parecem ameaçadoras.

Ensina-me, Deus, a entregar minhas preocupações, com a certeza de que és maior que todas elas. Assim como Davi confiou em ti para enfrentar seus desafios, que eu também tenha coragem e confiança para superar minhas aflições, crendo que tua presença me sustenta e me dá serenidade. Na quietude da noite, renova em mim a fé que afasta o medo, e enche meu coração de confiança na tua presença constante.

Pai amado, transforma minhas madrugadas em momentos de rendição e paz. Que cada oração pronunciada me aproxime de tua força e me conduza a uma vida mais leve, descansando na certeza de que tudo está em tuas mãos.

35ª Madrugada

O poder da perseverança no lugar secreto

"Mas tu, quando orares, entra no teu quarto, e, fechando a porta, ora a teu Pai, que está em secreto; e teu Pai, que vê em secreto, te recompensará." (Mateus 6:6)

A oração no lugar secreto é uma prática de perseverança que resulta em recompensas espirituais significativas. Jesus nos ensinou a buscar a Deus em segredo, longe das distrações e dos olhares alheios. A madrugada é um momento propício para esse exercício, pois é uma hora em que estamos sozinhos com o Pai e podemos concentrar-nos inteiramente em sua presença.

Perseverar na oração exige disciplina e fé. Muitas vezes, não observaremos resultados imediatos, mas cada oração é uma semente lançada no solo do nosso relacionamento com Deus. O Pai, que vê em segredo, age de forma invisível, mas eficaz, recompensando aqueles que o buscam com sinceridade e constância.

Além disso, o lugar secreto é onde encontramos orientação e forças para enfrentar os desafios do cotidiano. A oração na madrugada nos prepara para tomar decisões sábias e agir com fé, mesmo diante de circunstâncias desfavoráveis. Assim como Jesus se retirava para orar nos momentos de silêncio, também necessitamos desses instantes para fortalecer nosso espírito.

A perseverança no lugar secreto nos transforma de dentro para fora. À medida que buscamos a Deus de forma constante, nosso coração é moldado e alinhado à sua vontade. Orar na madrugada é um investimento espiritual que nos aproxima do Pai e nos torna mais atentos à sua voz.

Portanto, faça da madrugada seu lugar secreto de oração. Persevere, mesmo quando não houver respostas imediatas, e confie que Deus está agindo. A recompensa não está apenas nas respostas, mas na crescente intimidade com o Senhor, que vê em secreto e cuida de você.

Oração em clamor

Senhor Deus, neste momento de quietude e solitude, buscamos a tua presença com fé e perseverança. Viemos a ti, seguindo o exemplo de Jesus, que ensinou a importância de nos retirarmos para o lugar secreto, onde, em silêncio, podemos nos aproximar de ti, sem distrações ou julgamentos. Pai, fortalece nossa disciplina para que possamos perseverar na oração, mesmo quando os frutos não sejam visíveis de imediato. Que o Senhor nos ajude a compreender que cada oração é como uma semente que plantamos no solo do nosso relacionamento contigo. Ainda que não vejamos os resultados, confiamos que o Senhor trabalha de modo eficaz e invisível, trazendo à existência aquilo que ainda não é aparente aos nossos olhos.

No recolhimento das madrugadas, anseio por Tua orientação para os desafios diários. Concede-nos sabedoria e coragem para agir em conformidade com a tua vontade, mesmo nas adversidades. Assim como teu Filho se retirava em momentos de silêncio para fortalecer o espírito, busco essa intimidade que renova o coração e alinha nossos desejos ao teu propósito. Que nossa fé seja avivada e o nosso espírito, fortalecido, para que não venhamos a desistir ou desfalecer, mas que prossigamos firmes, sabendo que o Senhor vê em segredo e recompensará aqueles que te buscam com sinceridade.

Concede-nos, Senhor, a sensibilidade para discernir tua voz e perceber o agir de tuas mãos em nossas vidas. Que a cada amanhecer, após buscarmos tua face, estejamos mais próximos de ti, moldados e renovados pela tua presença.

36ª Madrugada

A recompensa do secreto: revelações e direção

"Invoca-me, e te responderei; anunciar-te-ei coisas grandes e ocultas, que não sabes." (Jeremias 33:3)

Orar na madrugada é como abrir um canal direto com o coração de Deus. Nas horas silenciosas, encontramos não apenas consolo e paz, mas também revelações e direcionamento para nossa vida. O Senhor promete revelar coisas ocultas àqueles que o buscam de todo o coração, e a madrugada é um momento oportuno para receber essas revelações.

Muitas vezes, Deus fala de maneiras inesperadas, trazendo clareza para decisões e respostas para orações antigas. A oração na madrugada é um espaço onde o Espírito Santo pode nos iluminar, apontando o caminho a seguir e fortalecendo nossa confiança na direção de Deus.

Essas revelações nem sempre são imediatas, mas cada momento de busca representa um avanço na compreensão da vontade de Deus. Ao orarmos e meditarmos na Palavra durante a madrugada, encontramos sabedoria e discernimento para agir com segurança e fé.

Além disso, a direção recebida no secreto nos prepara para enfrentar os desafios do dia. Quando começamos o dia orientados pelo Senhor, nossas escolhas e atitudes refletem a sabedoria divina. A oração madrugadora não apenas nos abençoa, mas também impacta as pessoas ao nosso redor.

Por isso, utilize a madrugada para buscar as revelações e a orientação de Deus. Apresente suas dúvidas e decisões ao Senhor e confie que ele lhe mostrará o caminho certo. Cada oração é uma oportunidade de conhecer mais o coração de Deus e ser guiado por ele em todas as áreas da vida.

Oração em clamor

Senhor, em tua presença me achego nesta madrugada silenciosa, em busca do teu entendimento e da tua revelação. Venho a ti, como aquele que necessita da tua orientação para cada decisão e situação de minha vida. No profundo silêncio destas horas, peço que abra meu coração e minha mente para o que tens a me mostrar, conforme tua promessa de revelar aquilo que é oculto. Confio, Senhor, que em cada súplica minha, tu derramarás sabedoria e clareza sobre os caminhos que devo seguir.

Tu conheces meus anseios e as perguntas que carrego em meu íntimo, e sei que, ao te invocar, não serei desamparado. Derrama sobre mim o discernimento para escolher aquilo que agrada a ti, pois não quero andar segundo meu próprio entendimento, mas conforme a tua vontade, que é sempre justa e perfeita. No silêncio desta madrugada, faz-me ouvir tua voz que conforta e traz paz, aquela paz que excede todo entendimento e transforma a inquietude em confiança.

Fortalece minha fé, Senhor, para que eu esteja disposto a esperar por tuas respostas, mesmo quando elas não vêm de imediato. Ensina-me a perseverar, crendo que, em cada instante de oração, tu estás a operar em minha vida. Que o teu Espírito Santo me ilumine, capacitando-me a agir conforme teu propósito, moldando em mim um coração fiel e submisso à tua direção.

Nesta madrugada, coloco diante de ti todas as áreas da minha vida que necessitam do teu toque. Que minhas escolhas diárias reflitam tua sabedoria, e que aqueles ao meu redor sejam também tocados por tua presença manifesta em minha vida. Senhor, que cada oração seja um passo mais perto de ti, revelando-me teu coração e guiando-me com tua mão poderosa.

37ª Madrugada

A madrugada e o avivamento interior

"Ó Senhor, aviva a tua obra no decorrer dos anos, e no decurso dos anos faze-a conhecida." (Habacuque 3:2)

A oração na madrugada representa um momento especial de busca por avivamento interior. Esse avivamento não é um fenômeno externo, mas uma renovação espiritual que começa dentro de nós. Ao buscarmos ao Senhor com sinceridade nas horas silenciosas, permitimos que ele reacenda em nós o zelo por sua Palavra e pela comunhão com ele.

Habacuque clamou a Deus por um avivamento, pedindo que sua obra fosse renovada. De modo semelhante, a oração de madrugada é um clamor para que o Espírito Santo nos desperte e nos transforme. Esse avivamento interior fortalece nossa fé, revigora nossa alma e nos prepara para servir com alegria e dedicação.

A madrugada é um momento propício para examinarmos o coração e pedirmos a Deus que nos revele áreas que precisam de restauração. Quando permitimos que ele trabalhe em nós, somos moldados à imagem de Cristo e preparados para impactar outras vidas. Avivamento interior é sinônimo de transformação contínua, alcançada pela oração.

Esse despertar espiritual nos enche também de ânimo e coragem para enfrentar os desafios. Quando nosso coração é renovado pelo Espírito Santo, encontramos forças para perseverar, mesmo nas dificuldades. Assim, a madrugada torna-se um ponto de partida para viver cada dia com propósito e paixão pelo Reino de Deus.

Por isso, use esse tempo para clamar por um avivamento interior. Peça que Deus reacenda sua fé e renove seu amor pela Palavra. Cada oração feita na madrugada é uma semente de avivamento que dará frutos em sua vida e na vida daqueles ao seu redor.

Oração em clamor

Senhor, nesta madrugada, eu clamo por um avivamento interior, um renovar profundo que transborde de tua presença e restaure meu ser por completo. Reconheço que é em tua presença, nos momentos silenciosos e distantes das distrações do dia, que encontro a oportunidade de abrir meu coração e expor minhas fragilidades. Venho a ti com sinceridade, pedindo que reacendas em mim o zelo por tua Palavra e pela comunhão contigo, como o profeta Habacuque clamou em tempos antigos.

Pai, suplico-te que tua obra seja viva em minha vida, que teu Espírito Santo desperte meu coração para aquilo que é eterno e transformador. Não peço por um fenômeno passageiro, mas por uma renovação constante que fortaleça minha fé, revigore minha alma e traga propósito à minha caminhada. Que esse avivamento não seja apenas uma experiência fugaz, mas uma realidade que me capacite a servir-te com alegria e dedicação. Reflito sobre meu coração e peço que me reveles as áreas de minha vida que precisam ser restauradas, os lugares onde há sombras, dúvidas ou fraquezas.

Concede-me, Senhor, um coração que se submete ao teu agir, que se molda à imagem de Cristo e se permite ser transformado pela ação contínua do teu Espírito. Que esse despertar espiritual seja uma fonte de ânimo e coragem para enfrentar os desafios que surgirem. Quando as dificuldades se apresentarem, que meu coração, renovado por ti, encontre forças para perseverar, mantendo o olhar fixo em tua glória e em teu Reino.

Rogo-te, Senhor, que esta madrugada seja o ponto de partida para uma vida vivida com propósito. Que cada oração feita aqui seja uma semente de avivamento, plantada com esperança e regada pela tua fidelidade.

38ª Madrugada

Fortalecendo a fé enquanto o mundo dorme

"Não temas, crê somente." (Marcos 5:36)

Orar durante a madrugada é uma oportunidade de fortalecer nossa fé enquanto o mundo está em silêncio. Na quietude da noite, somos convidados a renovar nossa confiança em Deus e depositar nele todas as nossas expectativas. A oração nessas horas nos ajuda a superar o medo e a incredulidade, fortalecendo nossa convicção de que Deus está no controle de todas as coisas.

A fé é como um músculo que precisa ser exercitado, e a oração é o exercício que nos fortalece espiritualmente. Assim como um atleta treina para competir, também precisamos de disciplina para buscar a Deus regularmente, especialmente nas horas silenciosas da madrugada. A oração perseverante nos ajuda a confiar em Deus, mesmo quando as circunstâncias parecem desfavoráveis.

Orar enquanto o mundo dorme também é uma expressão de confiança e dependência. Em vez de ficarmos ansiosos ou preocupados, escolhemos colocar nossas necessidades diante do Senhor. Cada oração é um lembrete de que a nossa segurança está nele e de que, independentemente das situações que enfrentamos, ele é fiel para nos sustentar.

Além disso, a oração de madrugada nos prepara para enfrentar os desafios com coragem e esperança. Quando começamos o dia fortalecidos na presença de Deus, nossa perspectiva muda, e a fé se torna a base de nossas ações. A madrugada se torna, assim, um tempo de edificação espiritual, onde nossa fé é renovada e fortalecida.

Portanto, faça da oração na madrugada um hábito para fortalecer sua fé. Apresente seus medos e preocupações ao Senhor, e confie que ele cuidará de cada detalhe. Enquanto o mundo dorme, Deus trabalha em seu favor, fortalecendo sua alma e preparando você para viver com confiança e esperança.

Oração em clamor

Senhor, em meio à calmaria da madrugada, aqui estamos diante de ti, buscando a paz que excede todo entendimento e a certeza que fortalece nossa fé. Que nossos corações, muitas vezes sobrecarregados pelo peso das preocupações diárias, encontrem em ti refúgio e esperança renovada. No silêncio que envolve o mundo, reconhecemos tua presença constante e poderosa, que opera além de nosso entendimento, sustentando-nos em cada momento. Ensina-nos a confiar plenamente em ti, a lançar sobre teus cuidados todos os temores e ansiedades que tentam nos desviar da certeza de teu amor e fidelidade.

Enquanto o mundo repousa, rogamos que fortaleças nosso espírito, concedendo-nos a disposição de persistir em oração, como um ato de entrega e devoção. Que cada pedido apresentado a ti na quietude da noite se torne um passo de fé, aumentando nossa confiança em teu agir. Molda-nos, Senhor, para que aprendamos a descansar em tua presença e a enfrentar as adversidades com serenidade, sabendo que, em ti, encontramos força e segurança.

Dá-nos a disciplina de buscar-te nas horas solitárias e de fazer disso uma prática que nos prepare para os desafios que o novo dia traz. Que a cada madrugada, ao nos colocarmos diante de ti, nosso coração seja fortalecido e renovado, pronto para agir com coragem e firmeza, sabendo que somos sustentados por teu cuidado constante. Concede-nos, Pai, a graça de depender de ti e de caminhar com segurança, certos de que, enquanto o mundo dorme, tu continuas a trabalhar por nós, dirigindo nossos passos com sabedoria e renovando nossa esperança.

39ª Madrugada

Vencendo as batalhas espirituais noturnas

"Porque a nossa luta não é contra carne e sangue, mas contra os principados, contra as potestades, contra os dominadores deste mundo tenebroso." (Efésios 6:12)

As batalhas espirituais frequentemente se intensificam durante a noite. Pensamentos de medo, ansiedade ou tristeza podem surgir, tentando minar nossa paz. No entanto, a oração na madrugada constitui uma arma poderosa para vencer essas lutas. Ao nos levantarmos para orar, enfrentamos o inimigo com a autoridade que temos em Cristo, reivindicando a vitória já conquistada na cruz.

Paulo nos lembra que nossa luta não é contra carne e sangue, mas contra forças espirituais. Por isso, é essencial estarmos revestidos da armadura de Deus (Efésios 6:13-18) e perseverarmos na oração. As madrugadas são um momento estratégico para interceder, combater e declarar a verdade de Deus sobre nossa vida e família.

A oração durante a noite fortalece nosso espírito e nos prepara para resistir às investidas do inimigo. Assim como Jesus alertou seus discípulos a vigiarem e orarem para não caírem em tentação (Mateus 26:41), também precisamos estar vigilantes nas horas silenciosas, buscando a proteção e o poder de Deus.

Cada oração feita na madrugada representa um passo de vitória sobre as forças das trevas. À medida que nos aproximamos de Deus, ele nos capacita a resistir ao mal e nos enche de paz e segurança. Orar enquanto o mundo dorme é um ato de confiança na soberania de Deus e na certeza de que a luz sempre prevalece sobre as trevas.

Portanto, utilize a oração nas madrugadas como arma para vencer as batalhas espirituais. Apresente suas lutas ao Senhor e confie que ele está ao seu lado. A vitória é certa, pois em Cristo somos mais que vencedores.

Oração em clamor

Senhor Deus, em tua presença nos colocamos nesta noite, reconhecendo que nossas batalhas não são contra aquilo que vemos, mas contra forças espirituais que tentam invadir nossa mente e coração. Pai, nas horas silenciosas da madrugada, clamamos pelo teu poder e tua proteção, pois sabemos que é em ti que encontramos segurança. Que tua armadura nos revista, protegendo-nos com teu capacete da salvação, tua couraça da justiça, e o escudo da fé, com o qual apagamos as setas inflamadas do inimigo.

Senhor, em nome de Jesus, rejeitamos todo pensamento de medo, ansiedade e dúvida que tentam enfraquecer nosso espírito. Que tua paz, que excede todo entendimento, invada cada canto de nossa mente, trazendo consolo e serenidade. Pai, tu és nossa fortaleza inabalável, e por isso nos levantamos nesta madrugada para declarar que tua verdade reina sobre nossas vidas.

Que a tua palavra seja nossa lâmpada, guiando-nos em meio às sombras da noite. Pedimos que tua presença se faça intensa, que tua luz dissipe toda treva que nos rodeia e que tua força nos capacite a resistir. Assim como Jesus nos instruiu a vigiar e orar, queremos estar atentos à tua voz, firmes na confiança de que tu és nosso escudo.

Fortalece-nos, Senhor, para que não sejamos abatidos, mas que enfrentemos cada obstáculo com a certeza de que tu já conquistaste a vitória. Derrama sobre nós a tranquilidade que vem do teu Espírito, pois confiamos que, mesmo enquanto o mundo repousa, tu estás atento, zelando por nós. Que essa confiança nos renove e nos faça caminhar em tua paz, sabendo que em ti somos mais que vencedores e que nenhuma força pode se erguer contra o poder do teu amor. Amém.

40ª Madrugada

A alegria do amanhecer: respostas vindas do céu

"O choro pode durar uma noite, mas a alegria vem pela manhã." (Salmos 30:5)

A oração durante a madrugada abre caminho para a alegria que chega com o amanhecer. Assim como a noite precede o dia, os momentos difíceis que enfrentamos preparam-nos para as respostas e bênçãos que Deus reservou. Cada oração feita nas horas escuras é uma semente de esperança que florescerá com o novo dia.

O Salmo 30 nos lembra que, embora o choro e a angústia possam durar uma noite, a alegria certamente vem pela manhã. Quando buscamos a Deus na madrugada, encontramos consolo e forças para prosseguir. As respostas podem não vir imediatamente, mas a presença do Senhor nos renova e nos dá esperança para aguardarmos o tempo certo.

A alegria do amanhecer não é meramente circunstancial; nasce da confiança em Deus. A oração nas madrugadas nos conecta à fonte da verdadeira alegria, que é a certeza de que o Senhor está conosco e cuida de nós. Mesmo nas noites mais escuras, sabemos que ele está preparando um novo começo para nós.

Cada amanhecer é um presente de Deus, uma oportunidade de experimentar sua bondade e fidelidade. Quando oramos na madrugada, plantamos sementes que trarão frutos de alegria e paz. O Senhor é fiel para responder às nossas orações e transformar nosso pranto em celebração.

Por isso, persevere na oração, mesmo nas madrugadas mais difíceis. Confie que a alegria do Senhor renovará sua alma e que as respostas virão no momento oportuno. O novo dia é um presente de Deus, e suas bênçãos estão reservadas para aqueles que nele confiam.

Oração em clamor

Senhor Deus, diante da promessa de que a alegria virá com o amanhecer, venho clamar por tua presença nas horas mais escuras. Quando o peso das aflições parece interminável, renova-me com a certeza de que tua luz despontará sobre o meu coração. Cada lágrima derramada durante a noite, cada suspiro angustiado, que se transforme em um terreno fértil para o nascer de uma esperança renovada. Que a tua presença seja a fortaleza que me sustenta enquanto aguardo o amanhecer.

A tua Palavra nos assegura que, mesmo nas madrugadas de desespero, tua alegria não tardará em nos envolver. Por isso, não permitas que minha alma desfaleça na espera. Capacita-me a perseverar, mesmo quando as respostas não chegam imediatamente. Que eu possa repousar em teu consolo e encontrar descanso, sabendo que teus planos para mim são perfeitos e que tua mão está sempre presente, mesmo que eu não a veja claramente no momento.

Senhor, ao romper do dia, que minha alma seja preenchida com a paz que excede todo entendimento, a paz que provém do teu cuidado fiel. Que eu possa contemplar cada amanhecer como uma manifestação do teu amor, um sinal de que a tristeza não prevalece, e que o júbilo está reservado aos que esperam em ti. Mesmo quando os caminhos me pareçam sombrios, ajuda-me a confiar na promessa de um novo começo, de um futuro iluminado pela tua bondade.

Ensina-me a valorizar as orações feitas na madrugada, pois são sementes que, no devido tempo, trarão os frutos de paz e regozijo que tanto almejo. Que meu coração seja inabalável em teus propósitos, e que a tua presença me fortaleça, renovando minha fé e enchendo-me da verdadeira alegria que só tu podes conceder.